KB267107

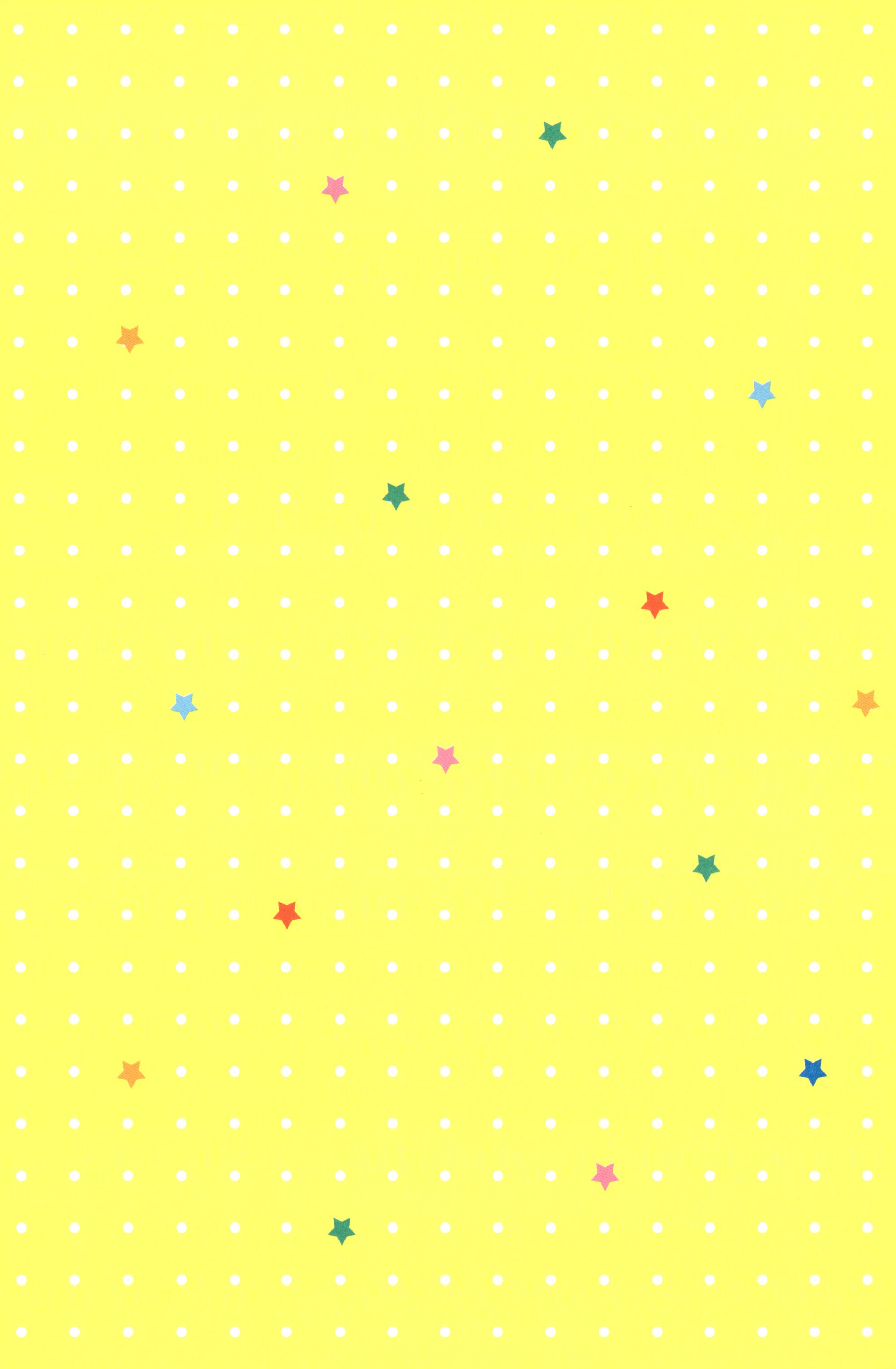

맞춤법 고수 대작전

풀꽃선생님과 함께하는

맞춤법 시리즈

맞춤법 고수 대작전

2단계

김수은(풀꽃선생님) 지음

그린애플

맞춤법 도사

어린이들의 일기장과 독후감을 집요하게 분석했다!
아이들이 자주 틀리는 맞춤법을 완벽하게 파악한 맞춤법 도사!
수년간 제자들을 양성하며 갈고닦은 특급 비법으로
누구보다 쉽고 명쾌하게 맞춤법을 전수한다.

**"이 책에 나온 맞춤법을 모두 익히면
웬만한 글자는 틀리지 않을 거란다."**

"모두 나만 믿고 따라와~!"

긍정왕 **기역이**

밝고 활달한 한글 정령 기역이!

긍정적인 말로 맞춤법 공부가
즐거워지도록 돕는다.

노력파 **니은이**

성실의 아이콘 한글 정령 니은이!

매일 틀린 것을 복습하며
성장하는 모습을 즐긴다.

따뜻한 **디귿이**

"내가 힘이 되어 줄게!"

친구에게 위로와 격려의 말을
건네며 힘이 되어준다.

전학생 **겹받침**

진정한 고수는 바로 나!

까다로운 겹받침 문제를
척척 해결하여 자신감이 넘친다.

맞춤법 도사님께 특훈을 마친 세 정령이
의기양양하게 학교로 돌아왔어.

세 정령은 금세 인기 스타가 되었지.
그러던 어느 날, 새로운 전학생이
나타났어.

곧 맞춤법 대회가 열렸어.
하지만 겹받침을 배우지 못한 세 정령은
처참히 패하고 말았단다.
"윽…
우리가 지다니!"

세 정령은 이번에도 도사님을 찾아갔어.
"도사님, 저희에게
고난도 맞춤법을 알려 주세요!"
도사님은 미소를 지으며 말했어.
"좋다! 대신 공부가 어려워질 테니
더욱 집중해야 할 거야!"

1 한방에 이해되는 맞춤법

도사님의 쉽고 명쾌한 설명은 초등학생도 단 1초면 맞춤법을 이해하게 만들어요. 웃음이 터지는 만화와 흥미진진한 퀴즈를 하나씩 따라가 보세요. 즐겁게 책장을 넘기다 보면 어느새 여러분도 맞춤법 고수가 되어 있을 거예요!

맞춤법 팁

자주 사용되어 하나의 단어로 굳어진 말은 붙여 써요.

| 잘하다 | 좋고 훌륭하게 하다. 예) 노래를 잘한다. |
| 못하다 | 능력이 없다. 예) 노래를 못한다. |

2 혼자서도 척척! 즐거운 자기주도 학습

부모님이 바빠서 도와줄 수 없다고요? 괜찮아요. 이 책은 어린이도 스스로 깨우칠 수 있도록 친절하게 만들어졌거든요. 혼자서도 알차고 완벽하게 맞춤법을 익혀 보세요!

풀꽃 선생님이 직접
받아쓰기를 불러 준답니다.
QR 코드를 찍어 보세요!

3 미로찾기, 가로세로 퍼즐 등 다양한 놀이로 더 재밌어졌어요!

4 틀려도 괜찮아. 자존감 지킴이!

"틀리면 어쩌지? 너무 걱정하지 마세요. 맞춤법은 원래 마음껏 실수하면서 배우는 거예요. 오히려 틀린 문제는 머릿속에 더 오래 남으니 '행운'인 걸요. 결과보다 노력하는 그 자체가 큰 배움이라는 사실을 꼭 기억해주세요. 함께 공부할 정령들이 여러분을 언제나 응원하고 격려해 줄게요!

차례

등장 인물   이 책의 설화   이 책의 특징

복습 시간

않 vs 안 — 14
데 vs 대 — 16
에요 vs 예요 — 18
에 vs 의 — 20
웬지 vs 왠지 — 22
어떻해 vs 어떡해 — 24

훈련 1. 1초 만에 이해하는 맞춤법

DAY 1 안 되요? 되 vs 돼 — 27
DAY 2 됬어 됬 vs 됐 — 31
DAY 3 스승으로써 로써 vs 로서 — 35
DAY 4 믿던지 말던지 던지 vs 든지 — 39
DAY 5 맞춤법 테스트 1 / 암호문 해독하기

훈련 2. 이해하면 참 쉬운 맞춤법

DAY 6 잘 마실께 할께 vs 할게 — 47
DAY 7 몇 일이야? 몇 일 vs 며칠 — 51
DAY 8 햇님 햇님 vs 해님 — 55
DAY 9 예, 아니오 아니오 vs 아니요 — 59
DAY 10 맞춤법 테스트 2 / 글자 찾기 놀이

훈련 3. 소리의 함정에서 벗어나기

DAY 11 곰곰히 히 vs 이 — 67
DAY 12 가치 갈래? 가치 vs 같이 — 71
DAY 13 반듯이 반듯이 vs 반드시 — 75
DAY 14 들리는 데로 데로 vs 대로 — 79
DAY 15 맞춤법 테스트 3 / 길 찾기

실전 1. 초등학생이 잘 틀리는 겹받침

DAY 16 재미잇어 잇다 vs 있다 87
DAY 17 시러 시러 vs 싫어 91
DAY 18 삼고 있어 삼다 vs 삶다 95
DAY 19 업서졌어 업서지다 vs 없어지다 99
DAY 20 맞춤법 테스트 4 / 미로 찾기

실전 2. 띄어쓰기, 맞춤법 고수가 되는 길

DAY 21 나팔 아파 나팔 아파 vs 나 팔 아파 107
DAY 22 할수있어 할수있어 vs 할 수 있어 111
DAY 23 너 뿐이야 너 뿐이야 vs 너뿐이야 115
DAY 24 잘 하고 와 잘 하다 vs 잘하다 119
DAY 25 맞춤법 테스트 5 / 맞춤법 대결

실전 3. 문해력 높이는 맞춤법

DAY 26 2틀 2틀 vs 이틀 127
DAY 27 바래요 바래요 vs 바라요 131
DAY 28 틀려 틀리다 vs 다르다 135
DAY 29 바꼈어 바꼈다 vs 바뀌었다 139
DAY 30 맞춤법 테스트 6 / 가로세로 퍼즐

정답 146

부록 – 고수 인증서, 학습 인증판, 스티커

복습 시간

않 vs 안

데 vs 대

에요 vs 예요

에 vs 의

웬지 vs 왠지

어떻해 vs 어떡해

★ 아래에서 틀린 글자를 바르게 고쳐 보세요.

않 

맞춤법 팁

'않'은 '아니하'가 줄어든 말이고,
'안'은 '아니'가 줄어든 말이에요.

않	안
: '아니하'가 줄어든 말	: '아니'가 줄어든 말
밥을 먹지 아니하다.	밥을 아니 먹다.
= 밥을 먹지 않다.	= 밥을 안 먹다.

★ 밑줄 친 부분을 <보기>처럼 바르게 줄여 써 보세요.

숙제를 아니 하다. ➡ 숙제를 (안) 하다.
숙제를 아니하다. ➡ 숙제를 (않)다.

1 친구를 놀리면 아니 된다.   (➡   ) 된다.

2 동생을 때리면 아니 돼.   (➡   ) 돼.

3 놀지 아니하다.   (➡   ) 다.

4 지각하지 아니하다.   (➡   ) 다.

★ 둘 중 바르게 쓴 것을 찾아 동그라미 해 보세요.

'안'은 글자를 빼고 읽어도 말이 돼요.
안 돼. -> ＊ 돼.

1 제가 (안 / 않) 했어요.

2 제가 하지 (안 / 않)았어요.

3 공부를 (안 / 않) 했어요.

4 공부를 하지 (안 / 않)았어요.

★ 아래에서 틀린 글자를 바르게 고쳐 보세요.

데 ➡

맞춤법 팁

**다른 사람이 말한 내용을 전할 땐
'ㅐ' 모음을 써요.**

-데	-대
: '그런데'의 뜻을 가지는 말	: '~다고 해.'가 줄어든 말
밥을 먹었다. 그런데 배가 고프다.	형은 저녁 먹었대. (=먹었다고 해.)
밥을 먹었는데 배가 고프다.	오늘 무지개가 뜬대. (=뜬다고 해.)

★ 밑줄 친 부분을 <보기>처럼 바르게 줄여 써 보세요.

보기   오늘 급식에 치킨이 <u>나온다고 해</u>. ➡ (나온대)

1 오늘은 도사님이 <u>편찮으시다고 해</u>. (➡   )

2 도사님은 병원에 <u>가셨다고 해</u>. (➡   )

보기   약을 <u>먹었다. 그런데</u> 머리가 아프다. ➡ (먹었는데)

3 물을 <u>마셨다. 그런데</u> 목이 마르다. (➡   )

4 비가 <u>온다. 그런데</u> 우산이 없다. (➡   )

★ 둘 중 바르게 쓴 것을 찾아 동그라미 해 보세요.

1 엄마가 오늘 늦게 (오신대 / 오신데).

2 오늘 학원에서 과자 파티를 (한대 / 한데).

3 분명 청소를 (했는대 / 했는데) 왜 더럽지?

4 떡볶이를 먹고 (싶은대 / 싶은데) 배탈이 났어.

★ 아래에서 틀린 글자를 바르게 고쳐 보세요.

에요　➡

맞춤법 팁

이–, 아니– 딱 두 개만!
뒤에 '~에요.'를 써요.

에요	예요
: –이(다), –아니(다) 뒤에 쓰는 말	: 이에요가 줄어든 말
동생이에요.	어디예요?
연필이에요.	누구예요?
연필이 아니에요.	몇 시예요?
	* '예요'는 받침 없는 글자 뒤에 써요.

18

★ 둘 중 바르게 쓴 것을 찾아 동그라미 해 보세요.

1 이것은 떡국이(에요 / 예요).

2 그것은 삼겹살이(에요 / 예요).

3 우리나라 음식이 아니(에요 / 예요).

4 이것은 갈비(에요 / 예요).

5 저것은 불고기피자(에요 / 예요).

★ 밑줄 친 부분을 바르게 고쳐 보세요.

1 지금 어디에요?　　(➡　　　　　　　)

2 저분은 누구에요?　　(➡　　　　　　　)

3 지금 몇 시에요?　　(➡　　　　　　　)

4 이것은 오이에요.　　(➡　　　　　　　)

★ 아래에서 틀린 글자를 바르게 고쳐 보세요.

에 ➡

맞춤법 팁

'~의'는 [의]로 읽어야 하지만, 발음이 편한 [에]로 읽어도 괜찮아요.
하지만 쓸 때는 반드시 '의'로 써야 해요.

에	의
: '시간'이나 '장소'를 나타내는 말	: '가지고 있음'을 나타내는 말
2시에 만나. 학교에 가다.	엄마의 시계 친구의 가방 아빠의 책상

★ 아래 문제에 해당하는 말에 동그라미 해 보세요.

1 발톱 주인이 호랑이일 때:

호랑이의 발톱 (　　　)

호랑이에 발톱 (　　　)

2 일기장 주인이 누나일 때:

누나의 일기장 (　　　)

누나에 일기장 (　　　)

3 가방 주인이 엄마일 때:

엄마의 가방 (　　　)

엄마에 가방 (　　　)

★ 빈칸에 들어갈 알맞은 글자를 찾아 선으로 이어 보세요.

동생(　　　) 색연필 •

• 의

편의점(　　　) 가다. •

• 에

6시(　　　) 만날래? •

웬지 VS 왠지

★ 아래에서 틀린 글자를 바르게 고쳐 보세요.

웬지　➡

맞춤법 팁

'왠지' 빼고 모두 '웬'을 써요.

'웬'을 쓰는 경우	'왠'을 쓰는 경우
: 웬일이야, 웬걸, 웬만큼, 웬만하면, 웬 떡이야, 웬일로, 웬 꼬마가, 웬…. * '왠지' 빼고 전부 '웬'을 써요.	: 왠지 왠지는 '왜 그런지 모르게'라는 뜻이에요. 'ㅐ'모음을 그대로 써요.

★ 둘 중 바르게 쓴 것을 찾아 동그라미 해 보세요.

1   (왠지 / 웬지) 모르게

2   오늘 시험은 (왠지 / 웬지) 백 점일 것 같아.

3   이게 (왠 / 웬) 떡이냐?

4   (왠만하면 / 웬만하면) 네가 참아.

★ 밑줄 친 부분을 바르게 고쳐 보세요.

1   <u>웬지</u> 모르게 눈물이 나.   (➡   )

2   엄마는 <u>웬지</u> 항상 향기로워.   (➡   )

3   네가 밥을 굶다니 <u>왠</u>일이야?   (➡   )

4   <u>왠만해서는</u> 그들을 막을 수 없다.   (➡   )

어떻해 vs 어떡해

★ 아래에서 틀린 글자를 바르게 고쳐 보세요.

떻 ➡

맞춤법 팁

'어떡하다' = '어떻게 하다'가 줄어든 말

어떻게	어떡해
: '어떤 방법으로'라는 뜻	: '어떻게 해'가 줄어든 말
어떻게 하지?	나 이제 어떡하지?
= 어떤 방법으로	= 어떻게 하지?

★ 같은 의미를 가진 말끼리 선으로 이어 봅시다.

어떻게 해 •　　　　　　　　　　　• 어떡하면

어떻게 하면 •　　　　　　　　　　• 어떡해

어떻게 하지? •　　　　　　　　　• 어떡할까?

어떻게 할까? •　　　　　　　　　• 어떡하지?

★ 밑줄 친 부분을 바르게 고쳐 보세요.

1　나 이제 <u>어떡게</u> 하지?　（➡　　　　　　　　）

2　이 일을 <u>어떻해</u>?　（➡　　　　　　　　）

3　깨진 접시를 <u>어떻할까</u>?　（➡　　　　　　　　）

4　배가 아픈데 <u>어떠카면</u> 좋을까?　（➡　　　　　　　　）

1초 만에 이해하는 맞춤법

DAY 1 되 vs 돼

DAY 2 됬 vs 됐

DAY 3 로써 vs 로서

DAY 4 던지 vs 든지

★ 아래에서 틀린 글자를 바르게 고쳐 보세요.

되   ➡

맞춤법 팁

돼는 '되어'의 줄임말이에요.
먹어도 (되어)요? → 먹어도 (돼)요?

되	돼
: '되다'의 앞 글자	: '되어'가 줄어든 말
되고, 되는, 되어, 될, 되면, 되려면, 되므로, 되어서 ….	(되어)서 → 돼서 (되어)요 → 돼요

★ 밑줄 친 부분을 <보기>처럼 바르게 줄여 써 보세요.

> 보기
>
> 이거 먹어도 <u>되어요</u>?　　(➡　돼요?)
>
> 거짓말하면 안 <u>되어요</u>.　　(➡　돼요.)

1　약을 함부로 먹으면 안 <u>되어요</u>.　(➡　　　　　)

2　친구가 <u>되어</u> 주겠니?　(➡　　　　)

3　공부 좀 못해도 <u>되어</u>.　(➡　　　　)

4　편식하면 안 <u>되어</u>.　(➡　　　　　)

★ 둘 중 바르게 쓴 것을 찾아 동그라미 해 보세요.

1　마술사가 (되고 / 돼고) 싶어요.

2　준비가 다 (되면 / 돼면) 말해.

3　우승하지 않아도 (되어 / 돼어)요.

4　잘 (될 / 됄) 거예요.

⭐ 헷갈리는 글자에 동그라미 하고 따라 쓰며 받아쓰기를 공부해 봅시다.

1 잘 될 거예요.

2 힘이 되어 줄게.

3 어른이 되고 싶어.

4 천천히 해도 돼.

5 포기하면 안 돼.

★ 선생님(부모님)이 불러 주는 말을 잘 듣고, 받아쓰기를 해 봅시다.

점수 :   점

★ 틀린 것은 세 번씩 적으며 실력을 높여 봅시다.

★ 아래에서 틀린 글자를 바르게 고쳐 보세요.

됬 ➡

'됐다'는 '되었다'의 줄임말이에요.
다 (되었)지? → 다 (됐)지?

됬	됐
: 세상에 없는 말	: '되었'이 줄어든 말.
이런 글자는 우리말에 없어요.	잘 (되었)으면 좋겠어. 잘 (됐)으면 좋겠어.

★ 사다리를 타고, 빈칸에 알맞은 말을 써 보세요.

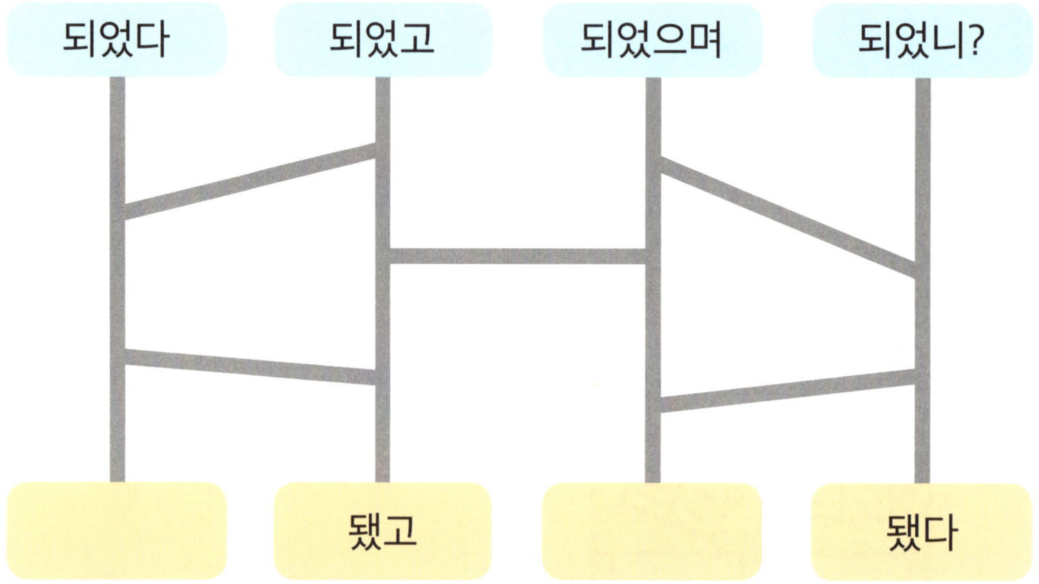

★ 둘 중 바르게 쓴 것을 찾아 동그라미 해 보세요.

1 준비(됬나요 / 됐나요)?

2 이제 밤이 (됬어요 / 됐어요).

3 소년은 황소가 (되었어요 / 돼었어요).

4 흥부는 곧 부자가 (됬단다 / 됐단다).

★ 헷갈리는 글자에 동그라미 하고 따라 쓰며 받아쓰기를 공부해 봅시다.

1 준비됐나요?

2 거의 다 됐어요.

3 큰 도움이 되었어.

4 이제 밤이 되었어요.

5 잘 됐으면 좋겠구나.

★ 선생님(부모님)이 불러 주는 말을 잘 듣고, 받아쓰기를 해 봅시다.

1										
2										
3										
4										
5										

점수 :   점

★ 틀린 것은 세 번씩 적으며 실력을 높여 봅시다.

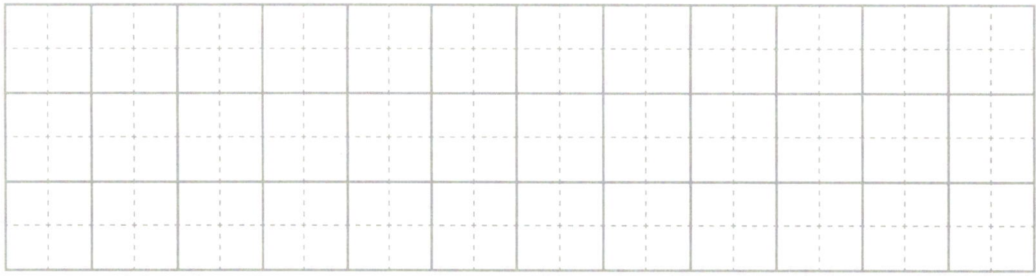

로써 VS 로서

★ 아래에서 틀린 글자를 바르게 고쳐 보세요.

로써 ➡

맞춤법 팁

'로서'는 주로 사람 뒤에 쓰여요.
사람 인(人)을 떠올려 보세요!

로써	로서
: 수단이나 도구를 나타내는 말 '~로' 보다 뜻이 분명하다. 쌀로 떡을 만든다. 강조 → 쌀로써 떡을 만든다.	: 지위나 자격을 나타내는 말 주로 사람 뒤에 쓰인다. 친구로서 말하는데 = 친구 자격으로 말하는데

★ 아래 낱말 중 사람인 것에 동그라미 해 보세요.

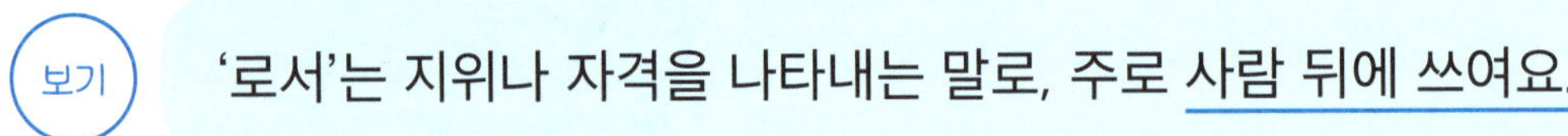

엄마   의사   바나나   친구   쌀   교사   의자

★ 보기를 참고하여 빈칸에 알맞은 말을 채워 봅시다.

> 보기   '로서'는 지위나 자격을 나타내는 말로, 주로 <u>사람 뒤에 쓰여요.</u>

1 엄마(로서 / 로써) 네가 자랑스러워.

2 친구(로서 / 로써) 한마디 하자면,

★ 보기를 참고하여 빈칸에 알맞은 말을 써 보세요.

> 보기   '로써'는 수단이나 도구를 나타내는 말이에요.
> 쌀로 떡을 만든다. ➡ 강조 쌀(로써) 떡을 만든다.

1 쌀<u>로</u> 떡을 만든다. ➡ 강조 쌀(   ) 떡을 만든다.

2 말<u>로</u> 빚을 갚는다. ➡ 강조 말(   ) 빚을 갚는다.

3 눈물<u>로</u> 설득하다. ➡ 강조 눈물(   ) 설득하다.

★ 헷갈리는 글자에 동그라미 하고 따라 쓰며 받아쓰기를 공부해 봅시다.

1 친구로서 하는 말

2 부모로서 할 일

3 교사로서 맡는 책임

4 말로써 빚을 갚다.

5 쌀로써 떡을 만들다.

★ 선생님(부모님)이 불러 주는 말을 잘 듣고, 받아쓰기를 해 봅시다.

1													
2													
3													
4													
5													

점수 :   점

★ 틀린 것은 세 번씩 적으며 실력을 높여 봅시다.

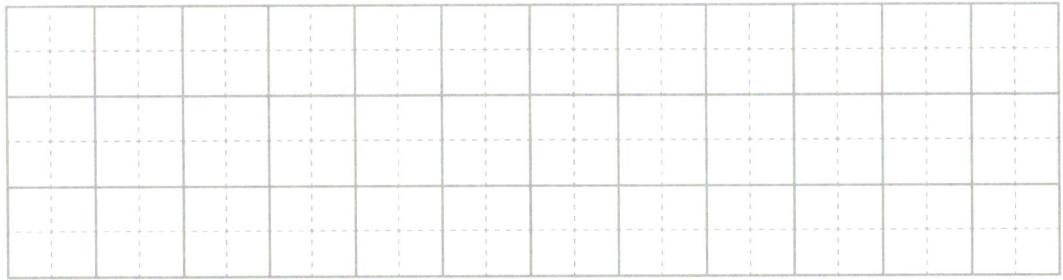

던지　VS　든지

★ 아래에서 틀린 글자를 바르게 고쳐 보세요.

던지　➡

맞춤법 팁

둘 중 하나를 선택하는 상황에서는
'든지'를 써요.

던지	든지
: 과거를 떠올릴 때 쓰는 말이에요.	: '선택'의 의미를 나타내요.
(어제) 밥이 얼마나 고소하<u>던지</u>! (그날) 직원이 어찌나 친절하<u>던지</u>!	하<u>든지</u> 말<u>든지</u> 믿<u>든지</u> 말<u>든지</u>

★ 둘 중 바르게 쓴 것을 찾아 동그라미 해 보세요.

'든지'는 '~거나'로 바꾸어 쓸 수 있어요.
예) 하든지 말든지 ≒ 하거나 말거나

1　(하든지 말든지 / 하던지 말던지) 마음대로 해.

2　(믿든지 말든지 / 믿던지 말던지) 알아서 해.

3　어제 밥이 얼마나 (고소하든지 / 고소하던지), 두 그릇이나 먹었어.

4　그날 직원이 어찌나 (친절하든지 / 친절하던지), 감동이었단다.

★ 빈칸에 들어갈 말을 보기에서 골라 써 봅시다.

보기　든지 / 던지

1　밥이(　　　) 빵이(　　　) 배고프니 얼른 먹자.

2　싫(　　　) 좋(　　　) 그저 따를 수밖에.

3　하늘이 얼마나 예쁘(　　　) 사진을 백 장이나 찍었다.

4　얼마나 춥(　　　) 손가락이 따가웠다.

★ 헷갈리는 글자에 동그라미 하고 따라 쓰며 받아쓰기를 공부해 봅시다.

1 사과든지 배든지

2 집이든지 학교든지

3 날씨가 얼마나 덥던지

4 마당이 얼마나 넓던지

5 밥이 어찌나 맛있던지

★ 선생님(부모님)이 불러 주는 말을 잘 듣고, 받아쓰기를 해 봅시다.

1										
2										
3										
4										
5										

점수 :   점

★ 틀린 것은 세 번씩 적으며 실력을 높여 봅시다.

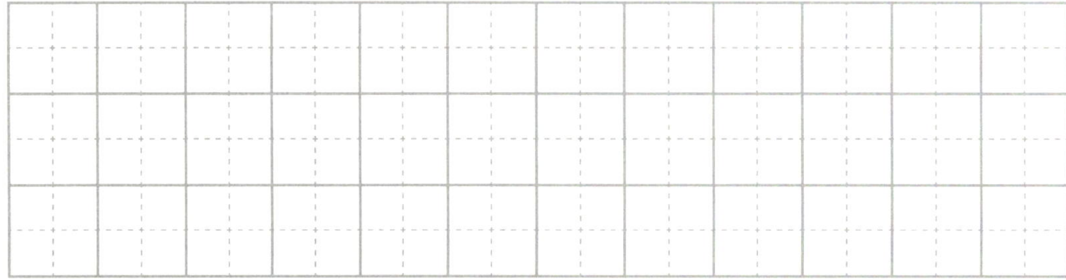

맞춤법 테스트 1

1 맞춤법이 올바른 것을 고르세요.

① 마술사가 <u>돼</u>고 싶어요.

② 준비가 다 <u>돼</u>면 말해.

③ 우승하지 않아도 <u>돼</u>.

④ 잘 <u>됄</u> 거예요.

2 빈칸에 들어갈 말을 고르세요.

> 천천히 해도 □.

① 돼　②데　③대　④되

3 바르게 쓴 것에 동그라미 하세요.

• 준비 (됬나요 / 됐나요)?

• 이제 밤이 (됬어요 / 됐어요).

• 네가 도움이 (됬어 / 됐어).

4 맞춤법이 틀린 것을 고르세요.

① 쌀<u>로써</u> 떡을 만든다.

② 말<u>로써</u> 빚을 갚는다.

③ 눈물<u>로써</u> 설득하다.

④ 엄마<u>로써</u> 네가 자랑스러워.

5 빈칸에 공통으로 들어갈 말은?

> • □□는 수단이나 도구를 나타내는 말이에요.
> • '~로' 보다 뜻이 분명해요.

① 로서　　　② 로써

6 맞춤법이 바른 것에 동그라미 하세요.

• 하던지 말던지 마음대로 해.　　(　)

• 어제 밥이 얼마나 고소하던지!　(　)

점수 (　 / 6)

되	돼
: '되다'의 앞 글자	: '되어'가 줄어든 말
되고, 되는, 되어,	돼서 (←되어서)
되면, 되므로 ….	돼요 (←되어요)

됬	됐
: 세상에 없는 말	: '되었'이 줄어든 말
이런 글자는	잘 (되었)으면 좋겠어.
한글에 없어요.	→ 잘 (됐)으면 좋겠어.

돼는 '되어'의 줄임말이에요.
먹어도 (되어)요? → 먹어도 (돼)요?

'됐다'는 '되었다'의 줄임말이에요.
다 (되었)지? = 다 (됐)지?

되 vs 돼

됬 vs 됐

훈련 1

1초 만에 이해하는 맞춤법

로써 vs 로서

던지 vs 든지

로서는 주로 사람 뒤에 쓰여요.
사람 인(人)을 떠올려 보세요!

둘 중 하나를 선택하는 상황에서는
'든지'를 써요

로써	로서
: 수단이나 도구를	: 지위나 자격을
나타내는 말	나타내는 말
쌀로써 떡을 만든다.	친구로서 말하는데

던지	든지
: 과거를 떠올릴 때	: '선택'의 의미를
쓰는 말이에요.	나타내요.
밥이 얼마나 고소하던지!	하든지 말든지
	믿든지 말든지

암호문 해독하기

★ 빈칸에 들어갈 말을 생각하여 암호를 풀어 봅시다.

만지면 안 ☐ .	되 들 돼 틀
준비 ☐ 나요?	됬 고 됐 려
이제 낯이 ☐ 었어요.	되 도 돼 봐
엄마 ☐ ☐ 네가 자랑스러워.	로서 괜 로써 하
말 ☐ ☐ 빚을 갚다.	로서 스 로써 찮
믿 ☐ ☐ 말 ☐ ☐	던지 레 든지 아

암호는 " ◯ ◯ ◯ ◯ ◯ ◯ " .

이해하면 참 쉬운 맞춤법

DAY 6 할께 vs 할게

DAY 7 몇 일 vs 며칠

DAY 8 햇님 vs 해님

DAY 9 아니오 vs 아니요

★ 아래에서 틀린 글자를 바르게 고쳐 보세요.

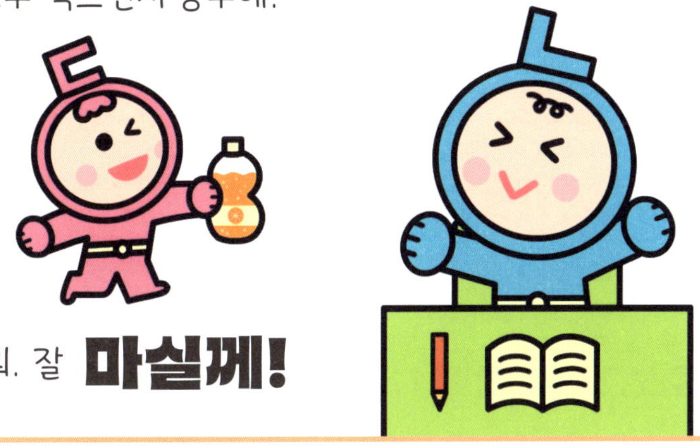

마실께 ➡

'ㄹ게', 'ㄹ걸'은
소리 나는 대로 적지 않아요.

'-ㄹ게'가 사용되는 경우	'-ㄹ걸'이 사용되는 경우
쓸 때 읽을 때	쓸 때 읽을 때
할게 [할께]	할걸 [할껄]
먹을게 [먹을께]	잘걸 [잘껄]
마실게 [마실께]	놀걸 [놀껄]

★ 밑줄 친 부분을 바르게 고쳐 보세요.

1 아침을 먹고 <u>올껄</u>.　(➡　　　　　　)

2 버스 안에서 좀 <u>잘껄</u>.　(➡　　　　　　)

3 음료수 잘 <u>먹을께</u>.　(➡　　　　　　)

4 낮잠 좀 <u>잘께요</u>.　(➡　　　　　　)

★ 아래 설명을 보고, 둘 중 바르게 쓴 것을 찾아 동그라미 해 보세요.

> 물음을 나타내는 말은 'ㄲ' 소리를 그대로 써요.
> 할까 [할까], 할꼬 [할꼬]

1 청소는 누가 (할가 / 할까)?

2 우리 같이 게임 (할가 / 할까)?

3 설거지는 제가 (할게요 / 할께요).

4 내가 먼저 (할걸 / 할껄).

★ 헷갈리는 글자에 동그라미 하고 따라 쓰며 받아쓰기를 공부해 봅시다.

1 내가 사과할게.

2 일찍 일어날걸.

3 음료수 잘 마실게.

4 때리지 말걸.

5 아침을 먹고 올걸.

★ 선생님(부모님)이 불러 주는 말을 잘 듣고, 받아쓰기를 해 봅시다.

1										
2										
3										
4										
5										

점수 :   점

★ 틀린 것은 세 번씩 적으며 실력을 높여 봅시다.

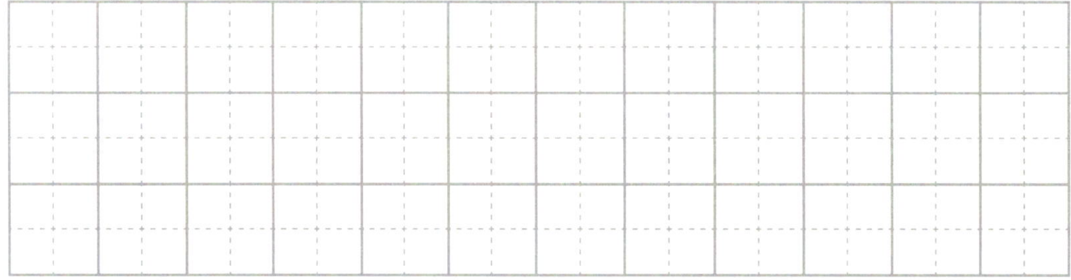

몇 일 VS 며칠

★ 아래에서 틀린 글자를 바르게 고쳐 보세요.

몇 일 →

맞춤법 팁

항상 '며칠'로 써요.
'몇 일'은 없는 말이에요.

'몇'을 쓰는 경우	'몇'을 안 쓰는 경우 : 며칠
몇 년, 몇 달, 몇 월, 몇 시, 몇 분, 몇 초, 몇 명, 몇 개, 몇 … '몇'은 뒷 글자와 띄어 써요.	몇 일 전 × → 며칠 전 ○ 몇 일 동안 × → 며칠 동안 ○ '며칠'은 붙여 써요.

★ 밑줄 친 부분을 바르게 고쳐 보세요.

1 오늘이 몇 월 몇 일이야?   (➡   )

2 몇 일 전에 전학 간 친구를 봤어요.   (➡   )

3 일기를 몇 일이나 미뤘다.   (➡   )

★ 둘 중 바르게 쓴 것을 찾아 동그라미 해 보세요.

'며칠'을 제외하면 '몇'은 모두 띄어 써요.

1 지금이 (몇시 / 몇 시)야?

2 오늘 (몇명 / 몇 명)이 결석했어?

3 초가 (몇개 / 몇 개) 필요해?

4 오늘이 (며칠 / 며 칠)이야?

★ 헷갈리는 글자에 동그라미 하고 따라 쓰며 받아쓰기를 공부해 봅시다.

1 몇 월 며칠이야?

2 지금 몇 시야?

3 며칠 동안 고민했어.

4 며칠 전에 봤어요.

5 총 몇 명이야?

★ 선생님(부모님)이 불러 주는 말을 잘 듣고, 받아쓰기를 해 봅시다.

1										
2										
3										
4										
5										

점수 :　　　　　　　점

★ 틀린 것은 세 번씩 적으며 실력을 높여 봅시다.

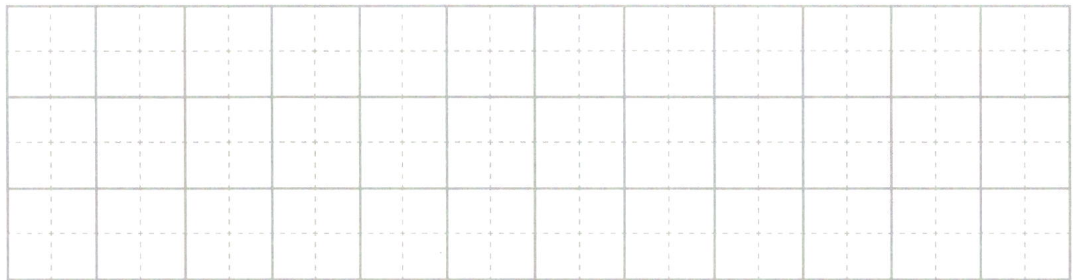

햇님 VS 해님

★ 아래에서 틀린 글자를 바르게 고쳐 보세요.

햇님　➡

맞춤법 팁

'해님'이 표준말이에요.
읽을 때도 [해님] ○ , [핸님] ×

해님	햇빛, 햇볕, 햇살
: '-님'처럼 다른 말 뒤에서만 뜻을 더해주는 글자는 ㅅ 받침을 덧붙여 쓰지 않아요.	: '빛', '볕'처럼 혼자서도 쓰이는 글자와 함께 쓸 때는 ㅅ 받침을 덧붙여요.

★ 둘 중 바르게 쓴 것을 찾아 동그라미 해 보세요.

1 달님과 (해님 / 햇님)

2 창문으로 (해빛 / 햇빛)이 들어오네.

3 (해볕 / 햇볕)이 따가워.

4 따사로운 봄 (해살 / 햇살)

★ ㅅ 받침이 들어가는 다른 글자를 알아보고, 바르게 고쳐 봅시다.

> ㅅ받침을 쓰는 글자를 더 알아봅시다.
> : 북엇국, 고깃국, 감잣국, 순댓국 등

1 북어국   (➡   )

2 감자국   (➡   )

3 고기국   (➡   )

4 순대국   (➡   )

★ 헷갈리는 글자에 동그라미 하고 따라 쓰며 받아쓰기를 공부해 봅시다.

1   해님과 달님

2   따사로운 봄 햇살

3   햇볕이 뜨겁다.

4   맛있는 순댓국

5   감잣국이 뜨겁다.

★ 선생님(부모님)이 불러 주는 말을 잘 듣고, 받아쓰기를 해 봅시다.

점수 :   점

★ 틀린 것은 세 번씩 적으며 실력을 높여 봅시다.

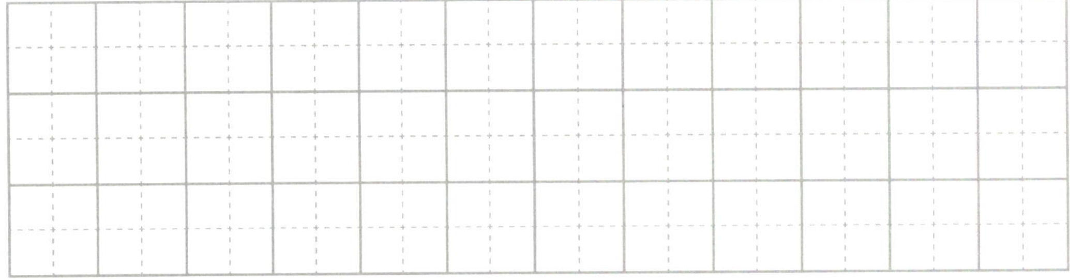

아니오 VS 아니요

★ 아래에서 틀린 글자를 바르게 고쳐 보세요.

아니오 ➡

맞춤법 팁

'아니요'는
'아니'의 높임말이에요.

아니오	아니요
: 사극 말투	: '아니'의 높임말
'그렇소' ↔ '아니오'	'예' ↔ '아니요'

★ 사다리타기를 통해 '아니오'와 '아니요'의 차이를 알고 빈칸에 답을 써 봅시다.

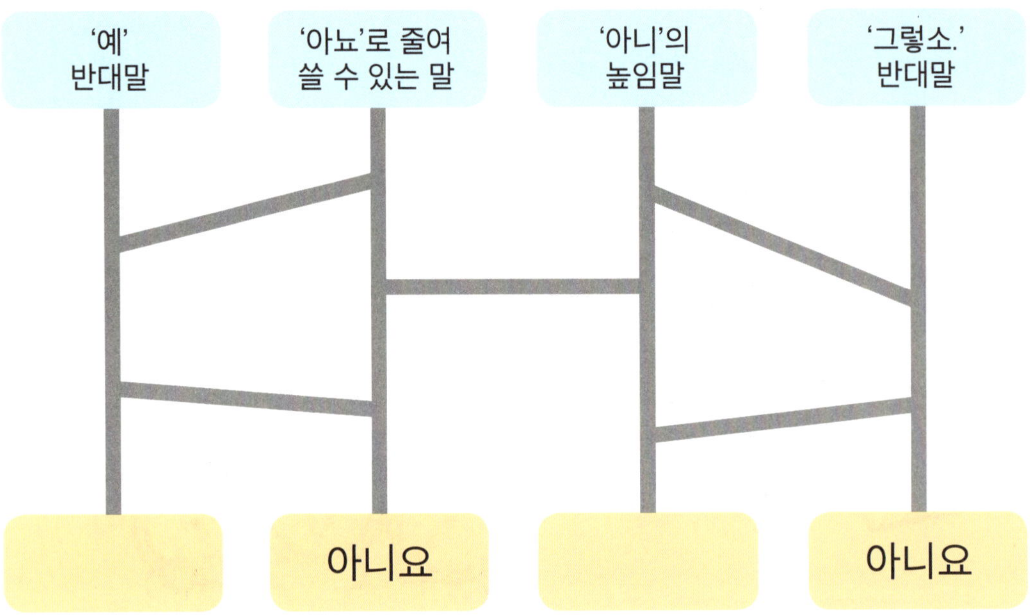

★ 둘 중 바르게 쓴 것을 찾아 동그라미 해 보세요.

1 민지야, 숙제 했니?   (아니오 / 아니요). 

2 여기 물건을 받으시오.    그것은 제 것이 (아니오 / 아니요). 

★ 헷갈리는 글자에 동그라미 하고 따라 쓰며 받아쓰기를 공부해 봅시다.

1 아니요.

2 아니요, 모릅니다.

3 자네 가방이 아니오?

4 제 것이 아니오.

5 끝난 일 아니오?

★ 선생님(부모님)이 불러 주는 말을 잘 듣고, 받아쓰기를 해 봅시다.

점수 :   점

★ 틀린 것은 세 번씩 적으며 실력을 높여 봅시다.

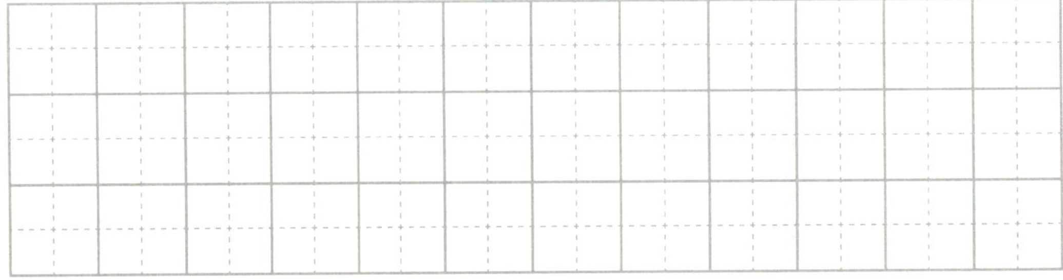

날짜   /   /

맞춤법 테스트 2

1 맞춤법이 틀린 것을 고르세요.

① 아침을 먹고 올껄.

② 음료수 잘 먹을게.

③ 어제 일찍 잘걸.

④ 제가 먼저 할게요.

2 바르게 쓴 것에 동그라미 하세요.

• 지금이 (몇시 / 몇 시)야?

• 케이크 초가 (몇개 / 몇 개) 필요해?

• 오늘이 (며칠 / 몇 일)이야?

3 띄어쓰기를 바르게 한 곳에 동그라미 하세요.

• 오늘이 몇월며칠이야?   (   )

• 오늘이 몇 월 며칠이야?   (   )

• 오늘이 몇 월 며 칠이야?   (   )

4 바르게 쓴 것에 동그라미 하세요.

• 달님과 (해님 / 햇님)

• 창문으로 (해빛 / 햇빛)이 들어오네.

5 맞춤법이 올바른 것을 고르세요.

① 북어국

② 감자국

③ 고깃국

④ 순대국

6 다음 설명에 해당하는 것에 동그라미 하세요.

┌─────────────────────────────┐
│ • '예'의 반대말이다.   │
│ • '아뇨'로 줄여 쓸 수 있다.   │
│ • '아니'의 높임말이다.   │
└─────────────────────────────┘

① 아니요.   ② 아니오.

점수 (/ 6   )

'-ㄹ게'

할게 [할께]
먹을게 [먹을께]

'-ㄹ걸'

할걸 [할껄]
잘걸 [잘껄]

'몇'을 쓰는 경우

몇 시, 몇 분, 몇 초,
몇 명, 몇 개, 몇 ….

'몇'을 안 쓰는 경우

: 며칠
'며칠'은 붙여 써요

'ㄹ게', 'ㄹ걸'은
소리 나는 대로 적지 않아요.

항상 '며칠'로 써요.
'몇 일'은 없는 말이에요.

할께 vs 할게

몇 일 vs 며칠

훈련 2

이해하면 참 쉬운 맞춤법

햇님 vs 해님

아니오 vs 아니요

'해님'이 표준말이에요.

'아니요'는 '아니'의 높임말이에요.

읽을 때도 [해님] 동그라미, [핸님] X

아니오
: 사극 말투
'그렇소' ↔ '아니오'

아니요
: '아니'의 높임말
'예' ↔ '아니요'

글자 찾기 놀이

★ 맞춤법이 바르게 쓰인 칸을 색칠해 보세요. 어떤 글자가 나타나나요?

해도 돼.	안 되.	잘 될 거야.	힘이 되어 줄게.
준비됐나요?	다 됐어요.	큰 도움이 됐어.	밤이 되었어요.
친구로서 하는 말	부모로써 할 일	말로서 빚을 갚다.	쌀로써 떡을 만들다.
하든지 말든지	믿든지 말든지	밥이 얼마나 고소하던지!	직원이 어찌나 친절하던지!

정답:

소리의 함정에서 벗어나기

DAY 11 히 vs 이

DAY 12 가치 vs 같이

DAY 13 반듯이 vs 반드시

DAY 14 데로 vs 대로

히 VS 이

★ 아래에서 틀린 글자를 바르게 고쳐 보세요.

곰곰히 ➡

맞춤법 팁

반복되는 글자 뒤에는 '-이'를 써요.
예) 곰곰이, 낱낱이, 샅샅이, 틈틈이 등

'-히'로 쓰는 경우	'-이'로 쓰는 경우
① '하다'가 원래 말인 경우 조용하다 → 조용히 영원하다 → 영원히 ② '히'로 분명히 소리 나는 경우 열심히, 솔직히, 다행히 등	① ㅅ으로 끝나는 낱말 뒤 깨끗이, 버젓이, 지긋이 등 ② 반복되는 글자 뒤 곰곰이, 낱낱이, 샅샅이 등 예외) 꼼꼼히, 천천히

★ 둘 중 바르게 쓴 것을 찾아 동그라미 해 보세요.

1   (깨끗이 / 깨끗히) 청소해야 해.

2   시험에서 (번번이 / 번번히) 떨어지는 이유

3   우리 우정 (영원이 / 영원히) 변치 말자!

4   공부 (열심히 / 열심이) 해.

★ 빈칸에 들어갈 알맞은 글자를 찾아 선으로 이어 보세요.

깨끗　　•

샅샅　　•

틈틈　　•　　　　　　　　　　　　•　이

조용　　•

영원　　•　　　　　　　　　　　　•　히

열심　　•

★ 헷갈리는 글자에 동그라미 하고 따라 쓰며 받아쓰기를 공부해 봅시다.

1 깨끗이 청소했어요.

2 영원히 친구 하자.

3 곰곰이 생각했어요.

4 열심히 공부했어요.

5 조용히 책을 읽자.

★ 선생님(부모님)이 불러 주는 말을 잘 듣고, 받아쓰기를 해 봅시다.

1								
2								
3								
4								
5								

점수 : 　　　　　 점

★ 틀린 것은 세 번씩 적으며 실력을 높여 봅시다.

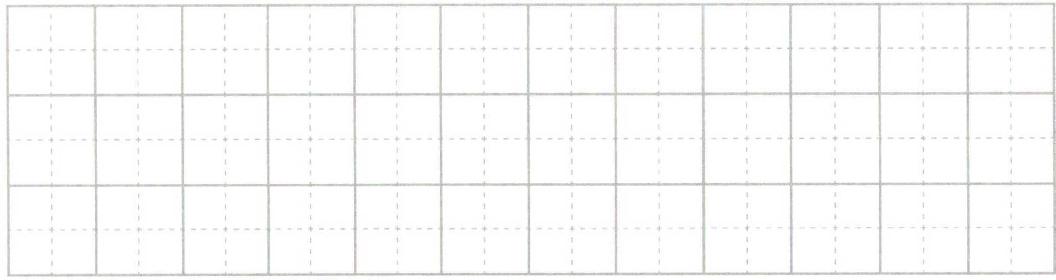

가치 **VS** 같이

★ 아래에서 틀린 글자를 바르게 고쳐 보세요.

가치 

맞춤법 팁

ㄷ, ㅌ이 '-이'를 만나면 ㅈ, ㅊ 소리가 나요.
같이 [가치] / 굳이 [구지]

가치 [가치]
: 사물이 지닌 쓸모

이 보물은 <u>가치</u>가 높다.
=값어치

같이 [가치]
: 둘 이상의 사람이 함께

<u>같이</u> 놀자.
=함께

★ 빈칸에 들어갈 알맞은 글자를 찾아 선으로 이어 보세요.

우리 (　　　) 밥 먹자.　　　•

엄마랑 (　　　) 있으면 행복해요.　　•

　　　　　　　　　　　　　　　　•　같이

이 그릇은 (　　　)가 높아.　　•

동생은 아빠와 (　　　) 놀러 갔어요. •

　　　　　　　　　　　　　　　　•　가치

이 보물은 높은 (　　　)가 있다.　•

(　　　) 없는 사람은 없어.　　•

★ <보기>를 읽고 틀린 글자를 고쳐 봅시다.

보기 │ 같이[가치]　굳이[구지]　햇볕이[해뼈치]　해돋이[해도지]

1 우리 가치 놀자.　(➡　　　　　　　)

2 어제 할머니랑 해도지를 보러 갔어요!　(➡　　　　　　　)

3 오늘 햇벼치 정말 따사로워요.　(➡　　　　　　　)

★ 헷갈리는 글자에 동그라미 하고 따라 쓰며 받아쓰기를 공부해 봅시다.

1 우리 같이 놀자.

2 가치가 높은 보물

3 굳이 말해야 할까?

4 햇볕이 따사로운 날

5 해돋이를 보았어요.

★ 선생님(부모님)이 불러 주는 말을 잘 듣고, 받아쓰기를 해 봅시다.

1									
2									
3									
4									
5									

점수 :   점

★ 틀린 것은 세 번씩 적으며 실력을 높여 봅시다.

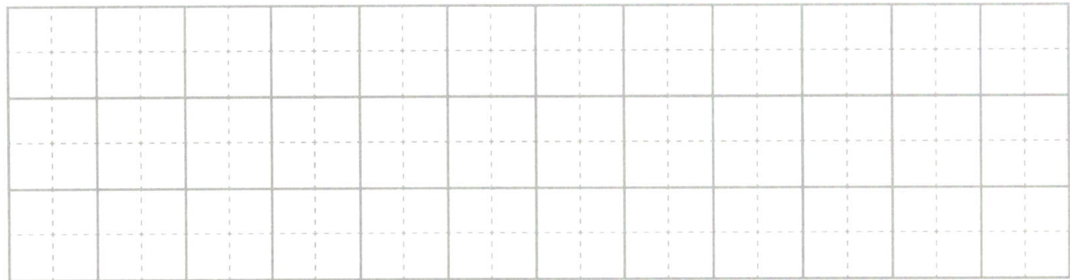

날짜   /   /

★ 아래에서 틀린 글자를 바르게 고쳐 보세요.

반듯이 ➡

소리가 비슷한 글자를 알아봐요.

반듯이	반드시
: 기울어지지 않고 반듯하게	: 틀림없이 꼭!

★ 빈칸에 들어갈 알맞은 글자를 찾아 선으로 이어 보세요.

달팽이는 (   ).　　•

•　느리다　: '빠르다'의 반대말

•　늘이다　: 더 길어지게 하다.

•　거름　: 땅에 주는 영양물질

아빠는 발(   )이 빠르다. •

•　걸음　: 발을 번갈아 놓는 동작

•　다리다　: 다리미로 주름을 펴.

다리미로 옷을 (   ).　•

•　달이다　: 끓여서 진하게 만들다.

★ 둘 중 바르게 쓴 것을 찾아 동그라미 해 보세요.

1　고무줄을 길게 (느리다 / 늘이다).

2　식물이 잘 자라도록 (걸음 / 거름)을 주었다.

3　(반드시 / 반듯이) 1등을 할 테야!

4　빨래를 (반드시 / 반듯이) 개어 두었다.

★ 헷갈리는 글자에 동그라미 하고 따라 쓰며 받아쓰기를 공부해 봅시다.

1 바지를 다리다.

2 반드시 1등 하자.

3 달팽이는 느리다.

4 고무줄을 늘이다.

5 땅에 거름을 주다.

★ 선생님(부모님)이 불러 주는 말을 잘 듣고, 받아쓰기를 해 봅시다.

1											
2											
3											
4											
5											

점수 :   점

★ 틀린 것은 세 번씩 적으며 실력을 높여 봅시다.

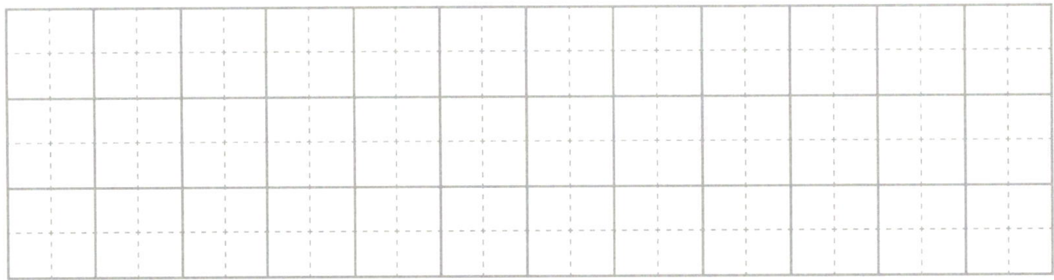

데로 VS 대로

★ 아래에서 틀린 글자를 바르게 고쳐 보세요.

데로 ➡

맞춤법 팁

데로: 어떤 곳이나 장소를 나타내는 말
대로: 어떤 모양이나 상태와 같이

데로	대로
: 장소를 나타내는 말 (=곳으로)	: 어떤 모양이나 상태 그대로
내가 말한 데로 와. 다른 데로 가지 마!	말하는 대로 들리는 대로 원하는 대로

★ 둘 중 바르게 쓴 것을 찾아 동그라미 해 보세요.

1 말하는 (대로 / 데로) 이루어져라. 얍!

2 들리는 (대로 / 데로) 써 봐.

3 날씨가 추우니, 따뜻한 (대로 / 데로) 들어가자.

4 조용한 (대로 / 데로) 가서 이야기하자.

★ 밑줄 친 부분을 바르게 고쳐 보세요.

1 말하는 데로 이루어진대.　　　(➡　　　　　　　　)

2 알려준 데로 주문을 외웠어요.　　　(➡　　　　　　　　)

3 햇볕이 잘 드는 대로 이사 가자.　　　(➡　　　　　　　　)

4 물은 높은 데서 낮은 대로 흐른다.　　　(➡　　　　　　　　)

★ 헷갈리는 글자에 동그라미 하고 따라 쓰며 받아쓰기를 공부해 봅시다.

1 말하는 대로

2 들리는 대로

3 원하는 대로

4 조용한 데로 오다.

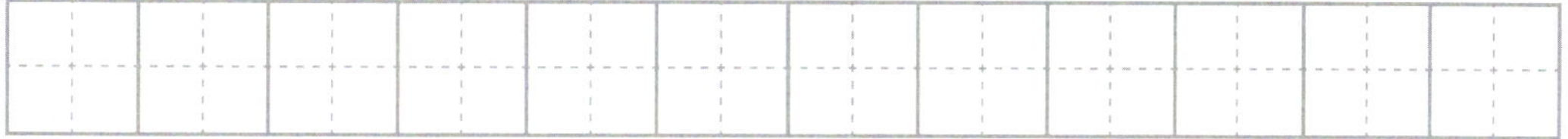

5 따뜻한 데로 가자.

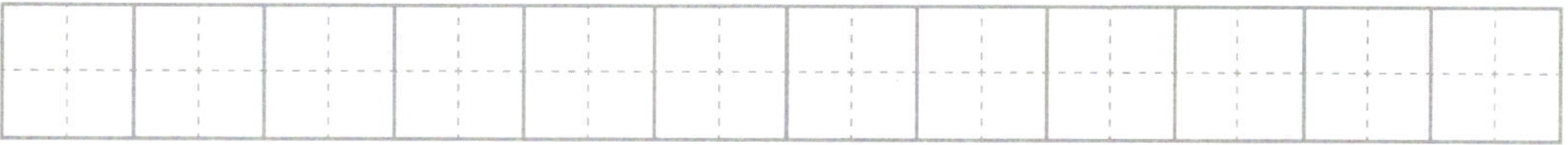

★ 선생님(부모님)이 불러 주는 말을 잘 듣고, 받아쓰기를 해 봅시다.

1											
2											
3											
4											
5											

점수 :   점

★ 틀린 것은 세 번씩 적으며 실력을 높여 봅시다.

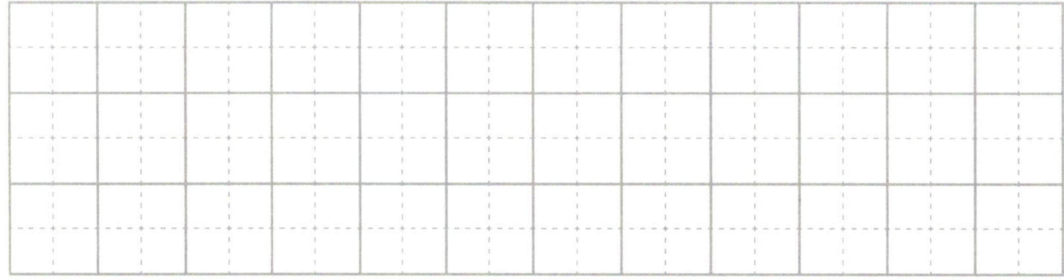

맞춤법 테스트 3

---

1 맞춤법이 틀린 것을 고르세요.

① 깨끗히 청소해.

② 영원히 친구 하자.

③ 열심히 공부했어요.

④ 조용히 책을 읽자.

2 아래 공통으로 들어갈 말을 고르세요.

곰곰□   낱낱□   샅샅□

① 이   ② 히

3 둘 중 바르게 쓴 것에 동그라미 하세요.

• (반드시 / 반듯이) 1등 할 테야!

• 빨래를 (반드시 / 반듯이) 개어 둬.

4 아래 공통으로 들어갈 말을 고르세요.

우리 (   ) 놀자.   엄마랑 (   ) 있으면 행복해요.

① 가치   ② 같이

5 띄어쓰기를 바르게 한 것에 동그라미 하세요.

원하는대로   VS   원하는 대로

알려준데로   VS   알려준 데로

6 맞춤법이 올바른 것을 고르세요.

① 말하는 데로 이루어진다.

② 알려준 데로 해봐.

③ 들리는 대로 써봐.

④ 조용한 대로 가자.

점수 (/ 6   )

'-히'로 쓰는 경우

열심히, 조용히,
솔직히, 다행히

'-이'로 쓰는 경우

깨끗이, 버젓이,
곰곰이, 낱낱이

가치 [가치]
: 사물이 지닌 쓸모

이 보물은 <u>가치</u>가 높다.

같이 [가치]
: 둘 이상의 사람이
함께

<u>같이</u> 놀자.

반복되는 글자 뒤에는 '-이'를 써요.

ㄷ, ㅌ이 '-이'를 만나면 ㅈ, ㅊ 소리가 나요.
같이 [가치] / 굳이 [구지]

히 vs 이

가치 vs 같이

훈련 3

소리의 함정에서 벗어나기

반듯이 vs 반드시

소리가 비슷한 글자를 알아봐요.

반듯이
: 기울어지지 않고
반듯하게

반드시
: 틀림없이 꼭!

데로 vs 대로

데로: 어떤 곳이나 장소를 나타내는 말
'데' 뒤에 '로'가 붙은 말
대로: 어떤 모양이나 상태와 같이

데로
: 장소를 나타내는 말
(=곳으로)

내가 말한 <u>데로</u> 와.
다른 <u>데로</u> 가지 마!

대로
: 어떤 모양이나 상태
그대로

말하는 <u>대로</u>
들리는 <u>대로</u>

길 찾기

★ 도사님이 간식을 주러 가는 길입니다. 누구에게 가는 길인지 맞혀 보세요!

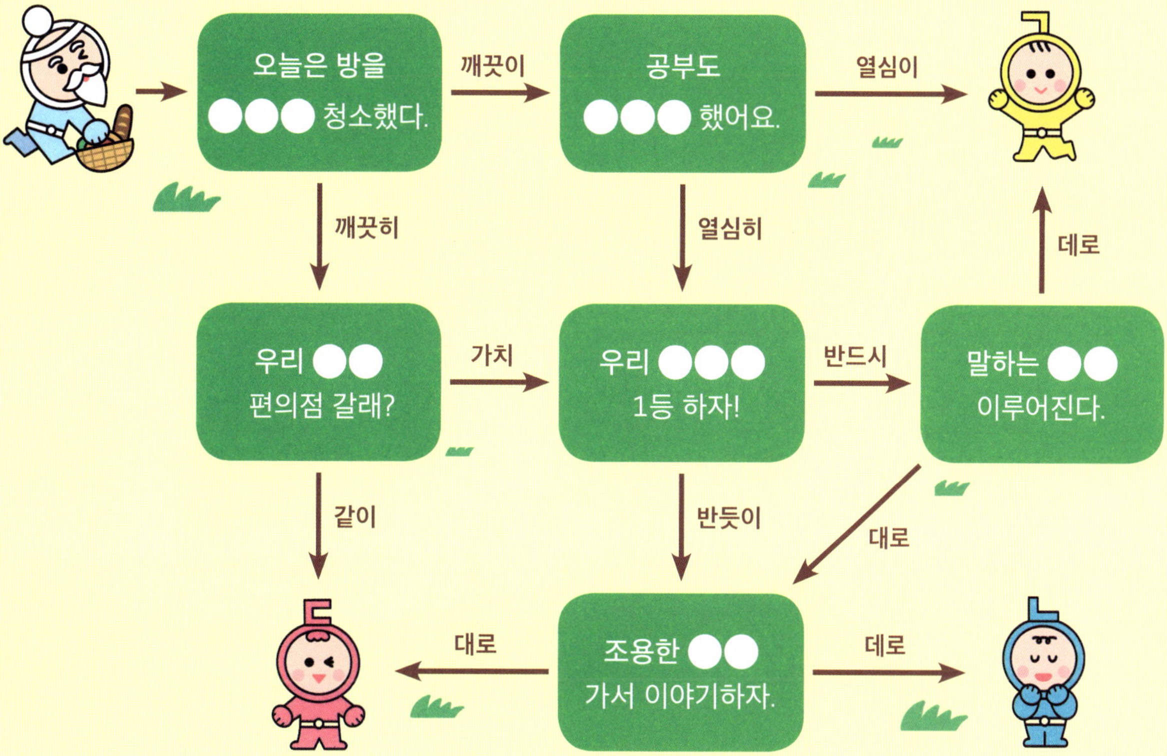

정답:

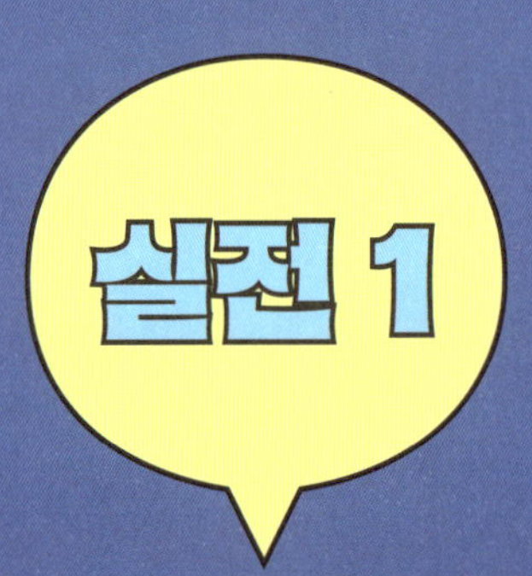

초등학생이 잘 틀리는 겹받침

DAY 16 잇다 vs 있다

DAY 17 시러 vs 싫어

DAY 18 삼다 vs 삶다

DAY 19 업서지다 vs 없어지다

★ 아래에서 틀린 글자를 바르게 고쳐 보세요.

잇어   

맞춤법 팁

쌍받침을 알아봅시다.

ㄲ 받침을 쓰는 낱말	ㅆ 받침을 쓰는 낱말
: 깎다, 낚다, 닦다, 묶다, 볶다, 섞다, 엮다 ….	: 갔다, 샀다, 재미있었다, 맛있겠다, 좋겠다.

★ ㄲ 받침을 넣어 낱말을 완성하여 봅시다.

깎다	연필깎이		손톱깎이
볶다	떡볶이		볶음밥
낚다	낚시		낚싯대

★ 밑줄 친 부분을 바르게 고쳐 보세요.

1 참 <u>재미있어써.</u>　(➡　　　　　　　)

2 할머니 요리가 <u>맛잇다.</u>　(➡　　　　　　　)

3 시장에 <u>다녀와써요.</u>　(➡　　　　　　　)

★ 헷갈리는 글자에 동그라미 하고 따라 쓰며 받아쓰기를 공부해 봅시다.

1 연필깎이가 어딨지?

2 참 재미있었어.

3 김은 언제나 맛있다.

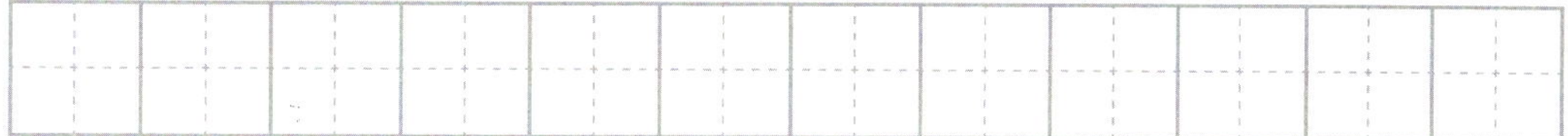

4 학교 다녀왔습니다.

5 떡볶이를 먹었어요.

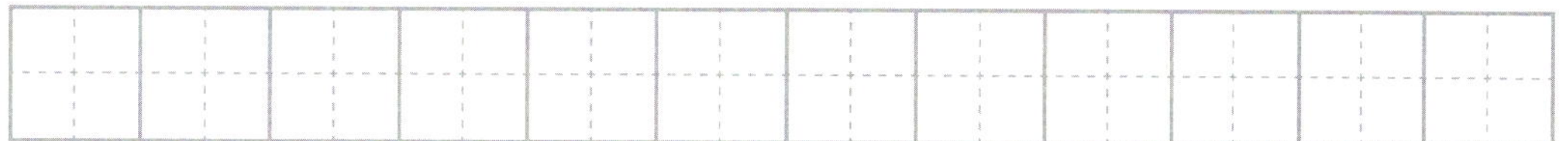

★ 선생님(부모님)이 불러 주는 말을 잘 듣고, 받아쓰기를 해 봅시다.

1											
2											
3											
4											
5											

점수 :   점

★ 틀린 것은 세 번씩 적으며 실력을 높여 봅시다.

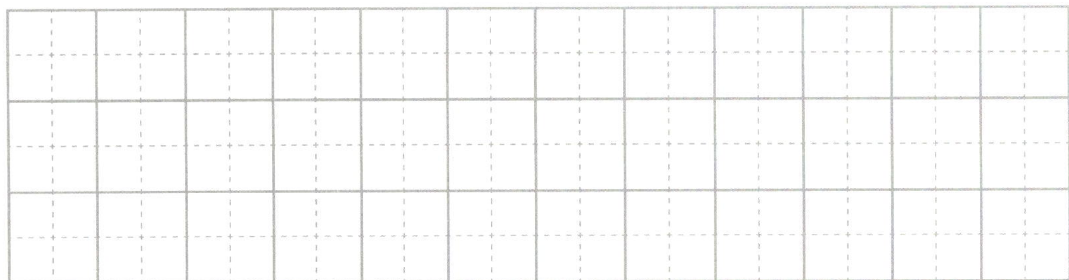

시러 VS 싫어

★ 아래에서 틀린 글자를 바르게 고쳐 보세요.

시러　➡

맞춤법 팁

ㄴㅎ, ㄹㅎ 겹받침이 모음을 만나면, ㅎ 소리가 안 나요.

ㄴㅎ 겹받침	ㄹㅎ 겹받침
괜찮아 [괜차나]	싫어 [시러]
귀찮아 [귀차나]	끓어 [끄러]
많아 [마나]	잃어버리다 [이러버리다]

★ 받침을 알맞게 쓴 것에 동그라미 하고, 따라 써 봅시다.

1   다친 곳은 (괜차나 / 괜찮아)?   ➡

2   운동하기 (귀차나 / 귀찮아).   ➡

3   (만이 / 많이) 먹었더니 배부르네.   ➡

4   독서는 힘들지 (안아 / 않아).   ➡

★ ㄶ 받침을 생각하며, 틀린 글자를 바르게 고쳐 봅시다.

1   게임에서 지기 시러요.   (➡   )

2   지갑을 이러버렸다.   (➡   )

3   냄비에 물이 끄러요.   (➡   )

4   자꾸 만지면 달아요.   (➡   )

★ 헷갈리는 글자에 동그라미 하고 따라 쓰며 받아쓰기를 공부해 봅시다.

1 다친 곳은 괜찮아?

2 책 읽기 귀찮아.

3 많이 먹어서 배불러.

4 지갑을 잃어버렸다.

5 자꾸 만지면 닳아요.

★ 선생님(부모님)이 불러 주는 말을 잘 듣고, 받아쓰기를 해 봅시다.

1										
2										
3										
4										
5										

점수 :   점

★ 틀린 것은 세 번씩 적으며 실력을 높여 봅시다.

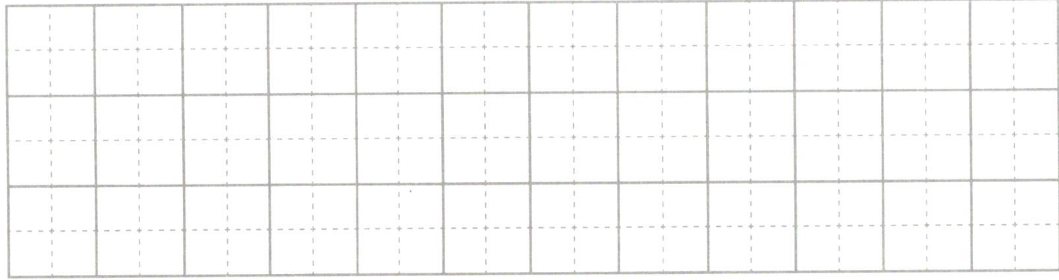

★ 아래에서 틀린 글자를 바르게 고쳐 보세요.

삼고   ➡

겹받침 중 뒤에서 소리 나는 받침을 알아봐요.

ㄻ 겹받침	ㄺ 겹받침	그 외
닮다 [담따]	굵다 [국따]	읊다 [읍따]
굶다 [굼따]	맑다 [막따]	밟다 [밥따]
젊다 [점따]	읽다 [익따]	넓적하다 [넙쩌카다]

★ 둘 중 바르게 쓴 것을 찾아 동그라미 하고, 빈칸에 따라 써 봅시다.

1 달걀을 (삶다 / 삼다). ➡ [   ] : 물에 넣고 끓이다.

2 감기가 (옮다 / 옴다). ➡ [   ] : 병이 전염되다.

3 저녁을 (굶다 / 굼다). ➡ [   ] : 끼니를 거르다.

4 상처가 (곪다 / 곰다). ➡ [   ] : 상처에 고름이 생기다.

★ ㄹ 받침을 생각하며, 틀린 글자를 바르게 고쳐 봅시다.

1 오늘은 하늘이 <u>막따</u>. (➡   )

2 노을이 지면 하늘이 <u>북따</u>. (➡   )

3 이야기책을 <u>익따</u>. (➡   )

4 아빠의 다리가 <u>국따</u>. (➡   )

★ 헷갈리는 글자에 동그라미 하고 따라 쓰며 받아쓰기를 공부해 봅시다.

1 달걀을 삶다.

2 감기가 옮다.

3 오늘은 하늘이 맑다.

4 그림책을 읽다.

5 낙엽을 밟다.

★ 선생님(부모님)이 불러 주는 말을 잘 듣고, 받아쓰기를 해 봅시다.

1										
2										
3										
4										
5										

점수 :　　　　　　　　　점

★ 틀린 것은 세 번씩 적으며 실력을 높여 봅시다.

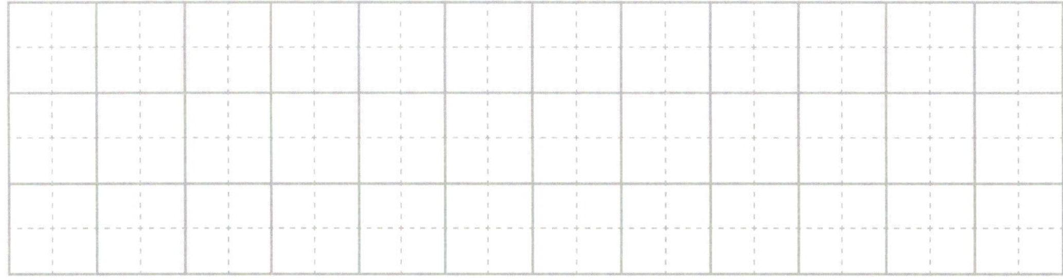

날짜   /   /

업서지다 VS 없어지다

★ 아래에서 틀린 글자를 바르게 고쳐 보세요.

업서 ➡

맞춤법 팁

겹받침 중 앞에서 소리 나는 받침을 알아봅시다.

ㄱㅅ **겹받침**: 몫 [목], 삯 [삭], 넋 [넉]

ㄴㅈ **겹받침**: 앉다 [안따], 얹다 [언따]

ㄹㅂ **겹받침**: 넓다 [널따], 얇다 [얄따], 짧다 [짤따], 떫다 [떨따],
엷다 [열따], 여덟 [여덜] *'밟다', '넓적하다'는 예외

ㄹㅌ **겹받침**: 핥다 [할따], 훑다 [훌따]

ㅂㅅ **겹받침**: 값 [갑], 가엾다 [가엽따], 없다 [업따]

★ 둘 중 바르게 쓴 것을 찾아 동그라미 하고, 빈칸에 따라 써 봅시다.

1 머리카락이 (짧다 / 짤다). ➡ [   ] : '길다'의 반대말

2 그릇을 (할따 / 핥다). ➡ [   ] : 혀를 닿아 지나가게 하다.

3 종이가 (없다 / 업따). ➡ [   ] : '있다'의 반대말.

4 내 (목 / 몫)을 줘. ➡ [   ] : 여럿으로 나누어 가지는 각 부분.

★ 받침을 생각하며, 틀린 글자를 바르게 고쳐 봅시다.

1 강아지가 <u>업서졌다</u>.　(➡　　　　　　　)

2 <u>널븐</u> 집으로 이사했다.　(➡　　　　　　　)

3 귀여운 고양이 <u>여덜</u> 마리　(➡　　　　　　　)

4 아이스크림을 혀로 <u>할타먹었다</u>.　(➡　　　　　　　)

★ 헷갈리는 글자에 동그라미 하고 따라 쓰며 받아쓰기를 공부해 봅시다.

1 머리카락이 짧다.

2 그릇을 핥다.

3 종이가 없다.

4 의자에 앉다.

5 고양이 여덟 마리

★ 선생님(부모님)이 불러 주는 말을 잘 듣고, 받아쓰기를 해 봅시다.

1										
2										
3										
4										
5										

점수 :   점

★ 틀린 것은 세 번씩 적으며 실력을 높여 봅시다.

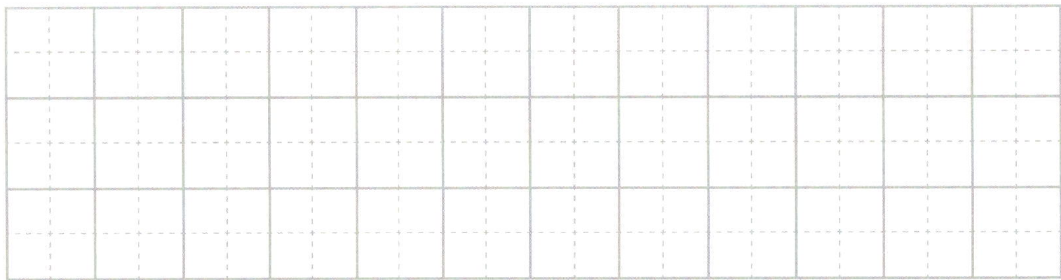

맞춤법 테스트 4

---

1 빈칸에 공통으로 들어갈 받침은?

연필 **까** 이

떡 **보** 이

보 음밥

① ㄱ　　　② ㄲ

2 맞춤법이 바른 것을 고르세요.

① 참 재미잇었다.

② 할머니 요리는 맛잇다.

③ 시장에 다녀 와써요.

④ 문구점에서 연필을 샀다.

3 바르게 쓴 것에 동그라미 하세요.

• 다친 곳은 (괜차나 / 괜찮아)?

• 운동하기 (귀차나 / 귀찮아).

• 집에 책이 정말 (만아 / 많아).

4 낱말과 소리를 연결하여 봅시다.

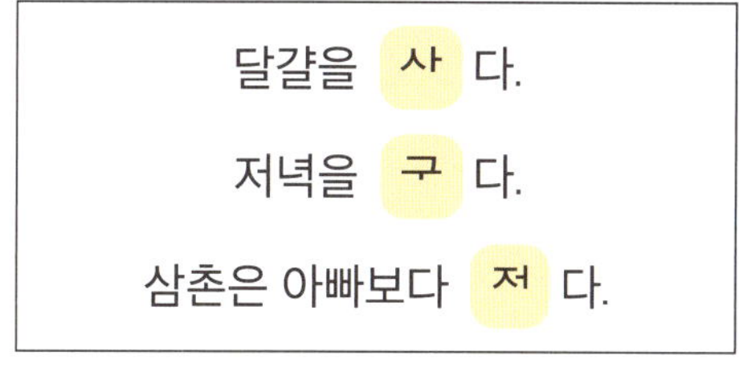

굵다　•　　　•　[밥따]

맑다　•　　　•　[국따]

밟다　•　　　•　[막따]

5 빈칸에 공통으로 들어갈 받침은?

달걀을 **사** 다.

저녁을 **구** 다.

삼촌은 아빠보다 **저** 다.

① ㅁ　　　② ㄻ

6 틀린 글자를 바르게 고쳐 보세요.

아이스크림을 혀로 할타먹었따.

(　　　　　　　)

점수 (　　/ 6　)

ㄲ 받침을 쓰는 낱말

: 깎다, 낚다, 닦다,
묶다, 볶다, 엮다 ….

ㅆ 받침을 쓰는 낱말

: 재미있었다,
맛있겠다, 좋겠다 ….

ㄶ 겹받침

괜찮아 [괜차나]
귀찮아 [귀차나]

ㅀ 겹받침

싫어 [시러]
끓어 [끄러]

쌍받침을 알아봅시다.

ㄶ, ㅀ 받침이 모음을 만나면,
ㅎ 소리가 안 나요.

잇다 vs 있다

시러 vs 싫어

실전 1

초등학생이 잘 틀리는 겹받침

삼다 vs 삶다

업서지다 vs 없어지다

겹받침 중 뒤에서 소리 나는
받침을 알아봅시다.

겹받침 중 앞에서 소리 나는
받침을 알아봅시다.

ㄹㅁ 겹받침

닮다 [담따]
굶다 [굼따]

ㄹㄱ 겹받침

굵다 [국따]
맑다 [막따]

그 외

읊다 [읍따]
밟다 [밥따]

ㄳ 겹받침: 몫 [목], 샀 [삭], 넋 [넉]
ㄵ 겹받침: 앉다 [안따], 얹다 [언따]
ㄼ 겹받침: 넓다 [널따], 얇다 [얄따],
　　　　　 *'밟다', '넓적하다'는 예외
ㄾ 겹받침: 핥다 [할따], 훑다 [훌따]
ㅄ 겹받침: 값 [갑], 없다 [업따]

미로 찾기

★ 맞춤법이 올바르게 된 화살표를 따라가 미로를 찾아보세요.

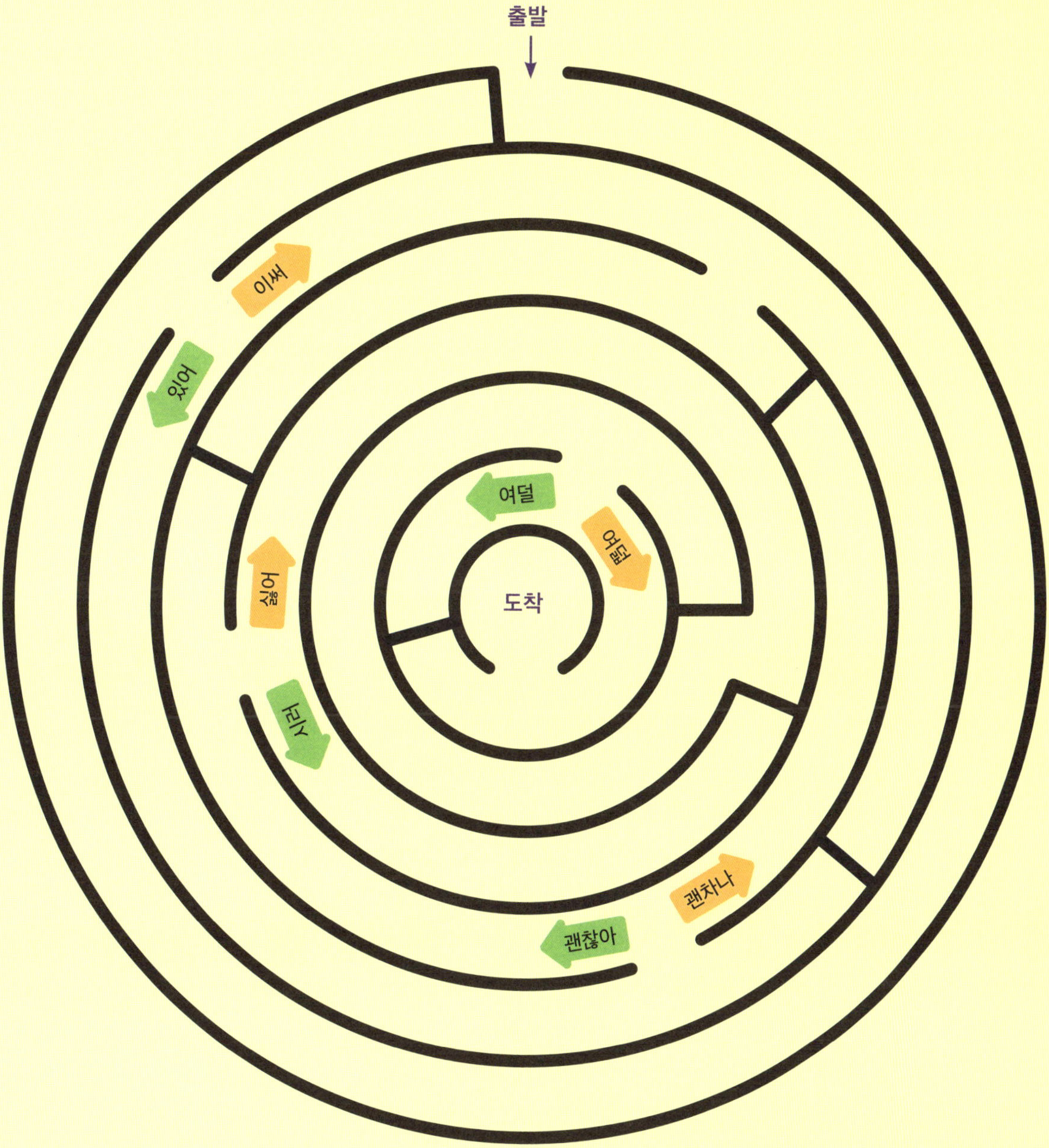

띄어쓰기 맞춤법 고수가 되는 길

DAY 21 나팔 아파 vs 나 팔 아파

DAY 22 할수있어 vs 할 수 있어

DAY 23 너 뿐이야 vs 너뿐이야

DAY 24 잘 하다 vs 잘하다

나팔 아파 VS 나 팔 아파

★ 아래에서 띄어쓰기를 바르게 고쳐 보세요.

나팔 아파 ➡

맞춤법 팁

띄어쓰기 규칙을 알아봅시다.

규칙 1.
각 단어는 띄어 써요.

우리 같이 놀자.
나랑 저녁 먹자.

규칙 2.
은/는/이/가/을/를/의/
에/에게/에서
같은 말들은 앞말에 붙여 써요.

아빠가 요리를 잘해요.
아빠의 요리는 훌륭해.

★ 둘 중 바르게 쓴 것을 찾아 동그라미 해 보세요.

1 준수는 축구를 잘해.　　（　　）

　　준수 는 축구 를 잘해.　　（　　）

2 엄마가 방에 들어가신다.　　（　　）

　　엄마 가 방 에 들어가신다.　　（　　）

3 아빠가 죽을 잡수세요.　　（　　）

　　아빠 가 죽 을 잡수세요.　　（　　）

★ 띄어쓰기를 생각하며 문장을 바르게 고쳐 봅시다.

1 우리는대화를했다.

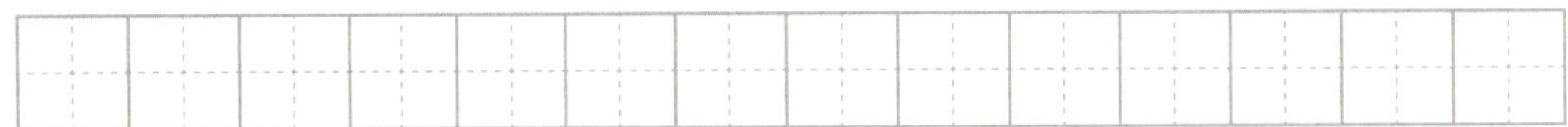

2 누나가오리를먹는다.

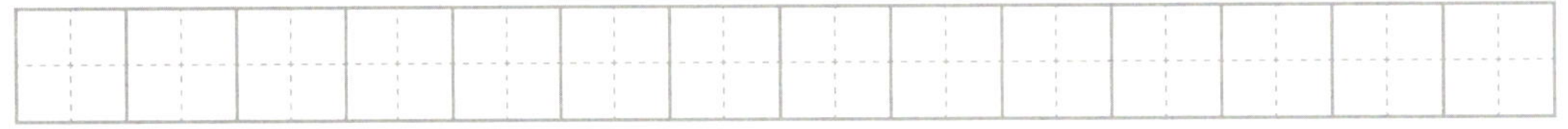

★ 헷갈리는 글자에 동그라미 하고 따라 쓰며 받아쓰기를 공부해 봅시다.

1 넌 축구를 잘해.

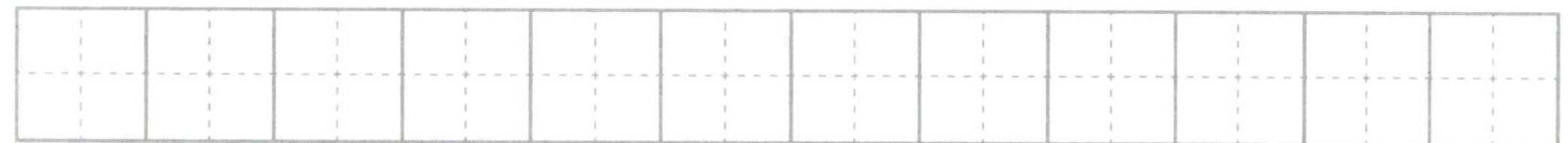

2 우리 같이 놀자.

3 아빠의 요리 솜씨

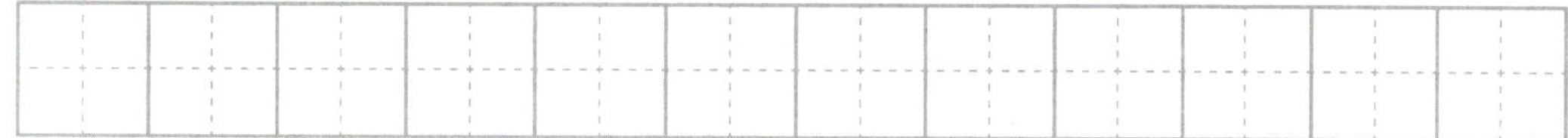

4 아파서 죽을 먹는다.

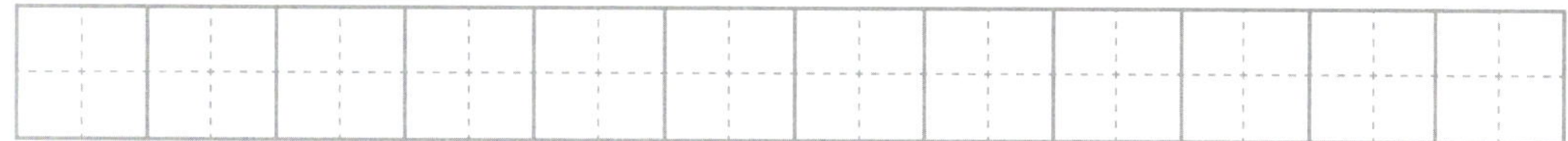

5 우리는 대화를 했다.

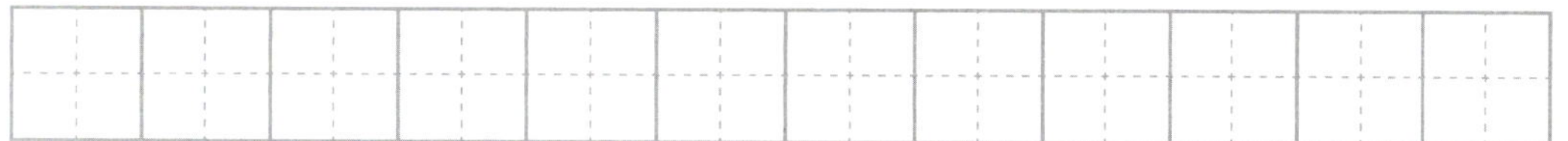

★ 선생님(부모님)이 불러 주는 말을 잘 듣고, 받아쓰기를 해 봅시다.

1
2
3
4
5

점수 :   점

★ 틀린 것은 세 번씩 적으며 실력을 높여 봅시다.

할수있어 VS 할 수 있어

★ 아래에서 띄어쓰기를 바르게 고쳐 보세요.

포기하고 싶은 기역이 곁에 니은이가 다가와 말했어요.

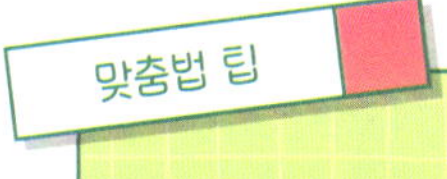

할수있어   ➡

맞춤법 팁

'게, 것, 수'는 앞말과 띄어 써요!

게	거/것	수
: '것이'의 준말	: 사물을 나타내는 말	: 방법을 나타내는 말
할 게 많아. 먹을 게 없어.	내 것은 어딨어? 내 거 봤어?	할 수 없지. 잘할 수 있어.

★ 둘 중 바르게 쓴 것을 찾아 동그라미 해 보세요.

1 말할 수 없는 비밀 （   ）
말할수 없는 비밀 （   ）

2 가진 게 없어. （   ）
가진게 없어. （   ）

3 내것은 어딨어? （   ）
내 것은 어딨어? （   ）

4 내 거 봤어? （   ）
내거 봤어? （   ）

★ 띄어쓰기를 생각하며 문장을 바르게 고쳐 봅시다.

1 먹을것이없다.

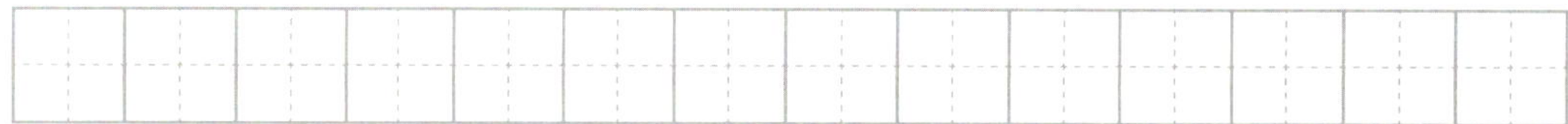

2 할수있지?

★ 헷갈리는 글자에 동그라미 하고 따라 쓰며 받아쓰기를 공부해 봅시다.

1 할 게 없어요.

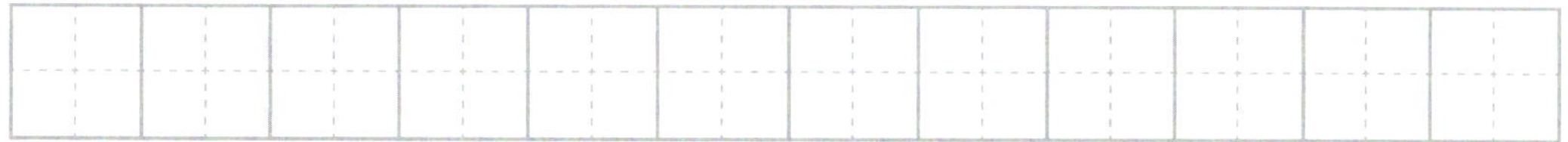

2 내 거 봤어?

3 잘할 수 있어.

4 할 수 없죠.

5 먹을 게 없네.

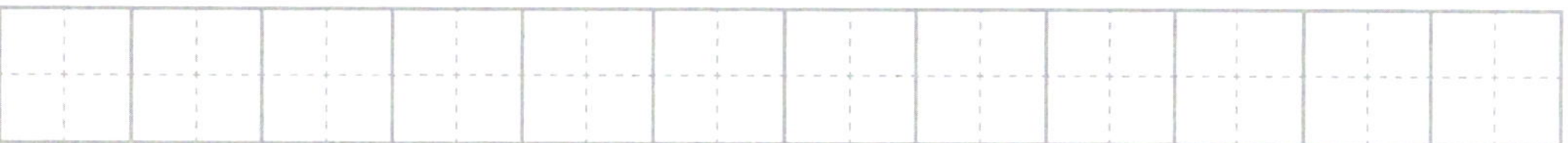

★ 선생님(부모님)이 불러 주는 말을 잘 듣고, 받아쓰기를 해 봅시다.

1											
2											
3											
4											
5											

점수 :   점

★ 틀린 것은 세 번씩 적으며 실력을 높여 봅시다.

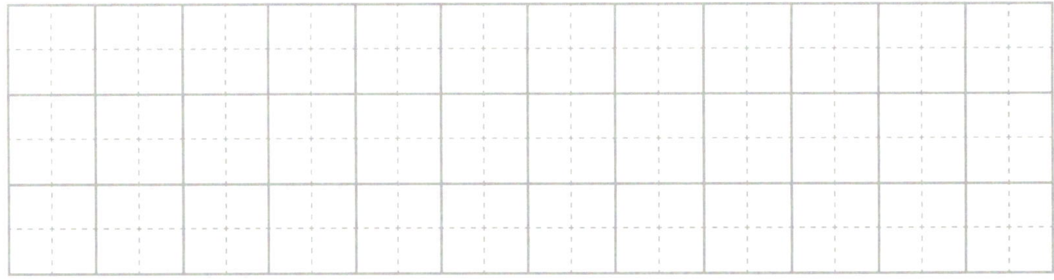

★ 아래에서 띄어쓰기를 바르게 고쳐 보세요.

너 뿐이야   ➡

맞춤법 팁

'뿐'은 띄어 쓸 때와, 붙여 쓸 때 뜻이 달라요.

띄어 쓰는 경우	붙여 쓰는 경우
: '따름이다'의 뜻일 때, 주로 ㄴ, ㄹ받침 뒤에서 띄어 써요.	: '그것만이고 더는 없음'을 나타낼 때
웃었을 <u>뿐</u>인데. 농담일 <u>뿐</u>이야.	남은 게 이것<u>뿐</u>이네. 역시 엄마<u>뿐</u>이야.

★ 둘 중 바르게 쓴 것을 찾아 동그라미 해 보세요.

1 믿을 것은 네 실력 뿐이야.　　（　　）

　　믿을 것은 네 실력뿐이야.　　（　　）

2 소문으로만 들었을 뿐이야.　　（　　）

　　소문으로만 들었을뿐이야.　　（　　）

★ 띄어쓰기를 생각하며 문장을 바르게 고쳐 봅시다.

만큼

띄어 쓰는 경우	붙여 쓰는 경우
: 정도를 나타낼 때	: 비슷함을 나타낼 때
아는 만큼 노력한 만큼 먹을 만큼	너만큼 하늘만큼 땅만큼 그만큼

하늘만큼땅만큼　➡

먹을만큼　➡

★ 헷갈리는 글자에 동그라미 하고 따라 쓰며 받아쓰기를 공부해 봅시다.

1   역시 엄마뿐이야.

2   난 너뿐이야.

3   웃었을 뿐인데.

4   하늘만큼 땅만큼

5   먹을 만큼만

★ 선생님(부모님)이 불러 주는 말을 잘 듣고, 받아쓰기를 해 봅시다.

정수 :　　　　　　　점

★ 틀린 것은 세 번씩 적으며 실력을 높여 봅시다.

잘 하다 VS 잘하다

★ 아래에서 띄어쓰기를 바르게 고쳐 보세요.

잘 하고   ➡

맞춤법 팁

자주 사용되어 하나의 단어로 굳어진 말은 붙여 써요.

잘하다	좋고 훌륭하게 하다. 예) 노래를 잘한다.
못하다	능력이 없다. 예) 노래를 못한다.
이것	가까이 있는 물건을 가리키는 말 예) 이것은 연필이다.

★ 둘 중 바르게 쓴 것을 찾아 동그라미 해 보세요.

	띄어 쓰는 말	붙여 쓰는 말
잘	잘 먹다. 잘 뛰다. 잘 놀다.	잘하다.
못	못 먹다. 못 뛰다. 못 놀다.	못하다.
이	이 연필, 이 가게, 이 책	이것

1 그 가수는 노래를 (잘불러 / 잘 불러).

내 동생은 춤을 (잘춰 / 잘 춰).

엄마는 요리를 (잘해 / 잘 해).

2 더 이상 (못뛰겠어 / 못 뛰겠어).

밖에 비가 오면 (못놀아 / 못 놀아).

공부를 좀 (못하면 / 못 하면) 어때.

3 (이옷 / 이 옷)은 작아졌어.

(이열쇠 / 이 열쇠)의 주인이 누구지?

딱 (이것 / 이 것)만 할게.

★ 헷갈리는 글자에 동그라미 하고 따라 쓰며 받아쓰기를 공부해 봅시다.

1 춤을 못 춰.

2 좀 못해도 돼.

3 넌 노래를 잘해.

4 이것 좀 봐.

5 이 옷은 작아.

★ 선생님(부모님)이 불러 주는 말을 잘 듣고, 받아쓰기를 해 봅시다.

1											
2											
3											
4											
5											

점수 :   점

★ 틀린 것은 세 번씩 적으며 실력을 높여 봅시다.

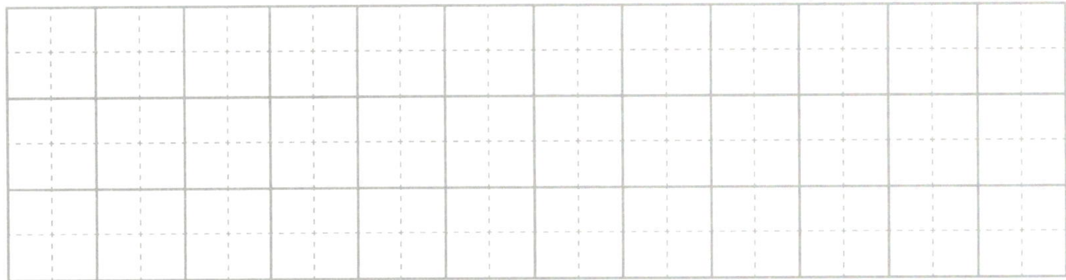

맞춤법 테스트 5

1 띄어쓰기를 바르게 한 곳에 동그라미 하세요.

- 엄마가 방에 들어가신다.　　(　)

- 엄마 가 방에 들어가신다.　　(　)

2 다음 문장을 알맞게 띄어 써 보세요.

> 할수있어.

3 다음 중 띄어쓰기가 바른 것은?

① 할수없죠.

② 먹을게 없네.

③ 내 거 봤어?

④ 할수있지?

4 띄어쓰기를 바르게 한 곳에 동그라미 하세요.

- 하늘만큼 땅만큼　　(　)

- 하늘 만큼 땅 만큼　　(　)

5 다음 중 띄어쓰기가 틀린 것은?

① 너 뿐이야.

② 농담일 뿐이야.

③ 먹을 만큼

④ 그만큼

6 다음 중 띄어쓰기가 틀린 것은?

① 넌 춤을 잘 춰.

② 요리도 잘해.

③ 공부를 못하면 어때.

④ 더는 못뛰겠어.

점수 (　 / 6 　)

규칙 1.
각 단어는 띄어 써요.

우리 같이 놀자.
나랑 저녁 먹자.

규칙 2.
은/는/이/가/을/를/의
/에/에게/에서
같은 말들은 앞말에
붙여 써요.

게
: '것이'의
준말

할 게 많아.

거/것
: 사물을
나타내는 말

내 것은?

수
: 방법을
나타내는 말

할 수 없지.

띄어쓰기 규칙을 알아봅시다.

'게, 것, 수'는 띄어 써요.

나팔 아파 vs 나 팔 아파

할수있어 vs 할 수 있어

실전 2
띄어쓰기
맞춤법 고수가 되는 길

너 뿐이야 vs 너뿐이야

잘 하다 vs 잘하다

'뿐'은 주로 ㄴ, ㄹ 받침 뒤에서 띄어 써요.

자주 사용되어 하나의 단어로 굳어진 말은
붙여 써요.

띄어 쓰는 경우
: '따름이다'의 뜻일 때

웃었을 뿐인데.
농담일 뿐이야.

붙여 쓰는 경우
: 설명하는 것 말고는
없을 때

남은 게 이것뿐이네.
역시 엄마뿐이야.

잘하다	좋고 훌륭하게 하다. 예) 노래를 잘한다.
못하다	능력이 없다. 예) 노래를 못한다.
이것	가까이 있는 물건을 가리키는 말 예) 이것은 연필이다.

맞춤법 대결

★ 띄어쓰기로 맞춤법 대결을 펼쳤습니다. 과연 누가 이겼을까요?

	도사님팀	겁받침팀
	할수 있어!	할 수 있어!
	내 거 봤어?	내거 봤어?
	난 너뿐이야.	난 너 뿐이야.
	하늘 만큼 땅 만큼	하늘만큼 땅만큼
	노래를 잘한다.	노래를 잘 한다.
6	딱 이것만 할게요.	딱 이 것만 할게요.

우승: 팀

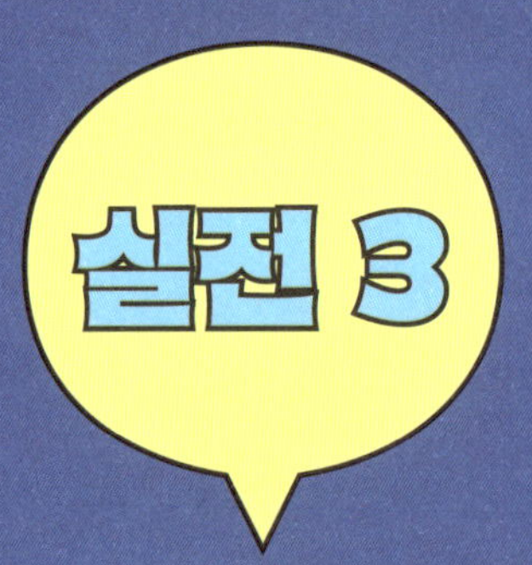

문해력 높이는 맞춤법

DAY 26 2틀 vs 이틀

DAY 27 바래요 vs 바라요

DAY 28 틀리다 vs 다르다

DAY 29 바꼈다 vs 바뀌었다

★ 아래에서 틀린 글자를 바르게 고쳐 보세요.

2틀   ➡

맞춤법 팁

이틀은 2일이라는 뜻의 '순우리말'이에요.
날짜를 세는 우리말을 기억해 두세요.

1일 - 하루	2일 - 이틀★	3일 - 사흘★	4일 - 나흘★
5일 - 닷새	6일 - 엿새	7일 - 이레	8일 - 여드레
9일 - 아흐레	10일 - 열흘		

★ 빈칸에 들어갈 알맞은 글자를 찾아 선으로 이어 보세요.

2일 •

3일 •

10일 •

• 2틀

• 이틀

• 사흘

• 나흘

• 열흘

• 10흘

★ 밑줄 친 부분을 바르게 고쳐 보세요.

1 2틀 동안 놀자.　　（➡　　　　　）

2 4흘에 한번　　（➡　　　　　）

3 10흘 걸리는 숙제　　（➡　　　　　）

★ 헷갈리는 글자에 동그라미 하고 따라 쓰며 받아쓰기를 공부해 봅시다.

1 하루 만에 다했어.

2 이틀 동안 보자.

3 사흘은 3일이야.

4 나흘에 한 번

5 열흘 걸리는 일

★ 선생님(부모님)이 불러 주는 말을 잘 듣고, 받아쓰기를 해 봅시다.

1	
2	
3	
4	
5	

점수 :   점

★ 틀린 것은 세 번씩 적으며 실력을 높여 봅시다.

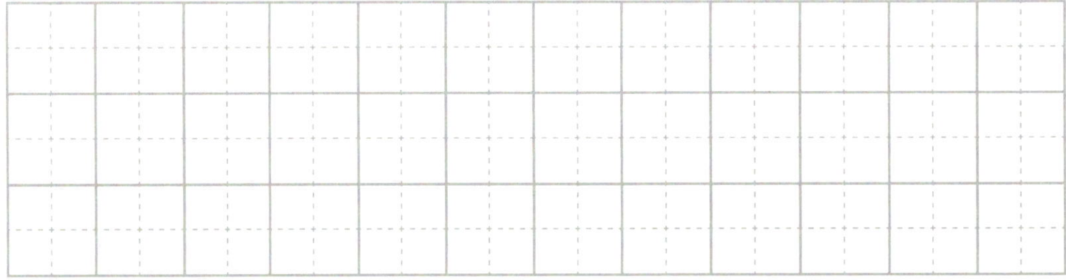

날짜   /   /

바래요 VS 바라요

★ 아래에서 틀린 글자를 바르게 고쳐 보세요.

바래요  ➡

맞춤법 팁

생각대로 이루어지기를 바랄 때는
'바라'를 써요.

바래다	바라다
: 햇빛이나 습기 때문에 색이 변하다.	: 생각대로 이루어지기를 원하다.
청바지 색이 바래다. 사진의 색이 바랬다.	합격하기를 바라요. 감기가 낫기를 바라.

★ 둘 중 바르게 쓴 것을 찾아 동그라미 해 보세요.

1 이 사진은 색이 (바랐어 / 바랬어).

2 청바지는 햇빛에 오래 두면 색이 (바라 / 바래).

3 너의 행복을 (바라 / 바래).

4 꼭 시험에 합격하기를 (바라요 / 바래요).

★ 밑줄 친 부분을 바르게 고쳐 보세요.

1 네가 성공하기를 <u>바래</u>.　　(➡　　　　　　)

2 잘 지내길 <u>바래</u>.　　(➡　　　　　　)

3 기적이 생기기를 <u>바래요</u>.　　(➡　　　　　　)

4 감기가 얼른 낫기를 <u>바래요</u>.　　(➡　　　　　　)

'바라'가 어색하다면, '바랄게'라고 말하는 것도 방법이야.
얼른 낫기를 바라 → 얼른 낫기를 바랄게.

★ 헷갈리는 글자에 동그라미 하고 따라 쓰며 받아쓰기를 공부해 봅시다.

1 잘 지내길 바라.

2 병이 낫기를 바라요.

3 사진의 색이 바랬어.

4 청바지 색이 바랬어.

5 저는 선물을 바라요.

★ 선생님(부모님)이 불러 주는 말을 잘 듣고, 받아쓰기를 해 봅시다.

1

2

3

4

5

점수 :   점

★ 틀린 것은 세 번씩 적으며 실력을 높여 봅시다.

틀리다 VS 다르다

★ 아래에서 틀린 글자를 바르게 고쳐 보세요.

틀려   ➡

맞춤법 팁

뜻을 구분해서 써야 하는 말을 알아봐요.

틀리다	다르다
: 사실과 다르다.	: 같지 않다.
답이 틀리다. 맞춤법이 틀리다.	나는 너와 다르다. 성격이 다르다.

★ 빈칸에 들어갈 알맞은 글자를 찾아 선으로 이어 보세요.

아깝게 문제 하나를 (　　　　) •

형은 나와 생각이 (　　　　) •

그 계산은 (　　　　) •

우리는 서로 입맛이 (　　　　) •

• 틀렸다.

• 다르다.

★ 보기를 참고하여 밑줄 친 부분을 바르게 고쳐 보세요.

가르치다: 깨닫도록 알려 주다. 예) 선생님이 학생을 가르치다.
가리키다: 짚어 보이다. 예) 손으로 오른쪽을 가리키다.

1   선생님, 수학 문제를 <u>가리켜</u> 주세요.　(➡　　　　　　)

2   시계 바늘이 두 시를 <u>가르치다</u>.　(➡　　　　　　)

3   그 안경은 내 것과 모양이 <u>틀리다</u>.　(➡　　　　　　)

3   나는 너와 생각이 <u>틀리다</u>.　(➡　　　　　　)

★ 헷갈리는 글자에 동그라미 하고 따라 쓰며 받아쓰기를 공부해 봅시다.

1 답이 틀리다.

2 나는 너와 다르다.

3 그 계산은 틀렸다.

4 누가 가르쳐 주었니?

5 형을 손으로 가리켰다.

★ 선생님(부모님)이 불러 주는 말을 잘 듣고, 받아쓰기를 해 봅시다.

1											
2											
3											
4											
5											

점수 :   점

★ 틀린 것은 세 번씩 적으며 실력을 높여 봅시다.

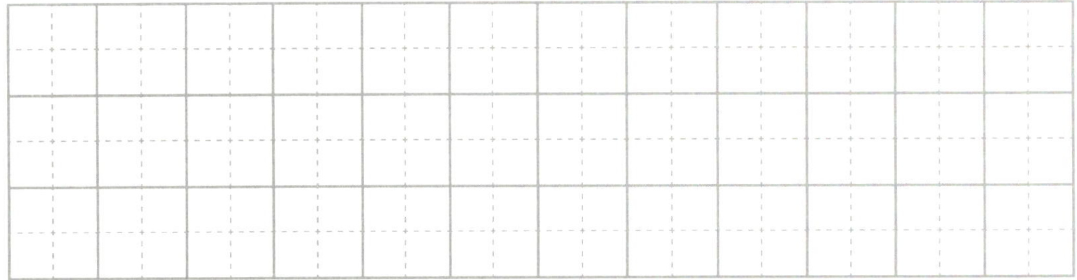

바꼈다 vs 바뀌었다

★ 아래에서 틀린 글자를 바르게 고쳐 보세요.

바꼈어 

맞춤법 팁

'바뀌었다'는 '바꼈다'로 줄여 쓸 수 없어요.

(○) 바른 말	틀린 말 (×)
사귀다	사기다
사귀어	사겨
사귀었다	사겼다

(○) 바른 말	틀린 말 (×)
바뀌다	바끼다
바뀌어	바껴
바뀌었다	바꼈다

★ 둘 중 바르게 쓴 것을 찾아 동그라미 해 보세요.

1 나랑 (사길래 / 사귈래)?

2 여자친구를 (사귀어 / 사겨) 보니 어때?

3 옷이 (바뀌어서 / 바껴서) 못 알아봤어.

4 언제 가방이 (바뀌었지 / 바꼈지)?

★ 밑줄 친 부분을 바르게 고쳐 보세요.

1 남자친구를 <u>사겼다</u>.　　（➡　　　　　　　）

2 옷이 <u>바꼈다</u>.　　（➡　　　　　　　）

3 신호등이 초록 불로 <u>바꼈다</u>.　　（➡　　　　　　　）

4 친구를 두루두루 <u>사겼다</u>.　　（➡　　　　　　　）

'견디어'는 '견뎌'로, '막히어'는 '막혀'로 줄어드는데 왜 '사귀어'는 '사겨'로 줄여 쓸 수 없나요?

'견디다', '막히다'는 'ㅣ' 모음을 쓰지만, '사귀다', '바뀌다'는 'ㅟ' 모음을 사용하기 때문이지.
우리 맞춤법에서 'ㅟ' 모음은 '-어'와 줄여 쓸 수 없단다.

★ 헷갈리는 글자에 동그라미 하고 따라 쓰며 받아쓰기를 공부해 봅시다.

1 나랑 사귈래?

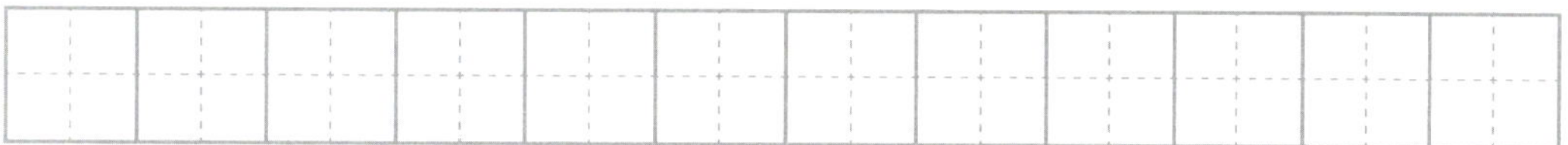

2 친구를 사귀었다.

3 옷이 바뀌었다.

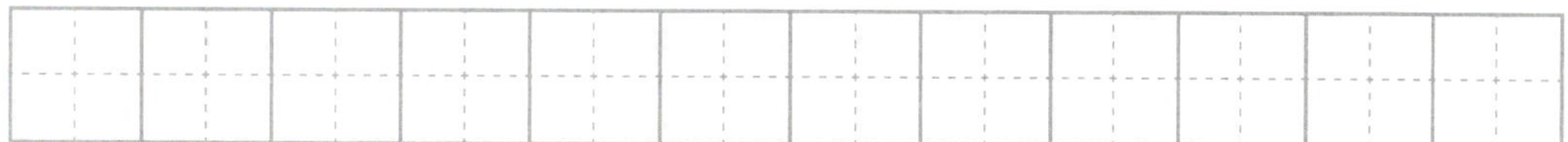

4 언제 바뀌었지?

5 교복이 바뀌었구나.

★ 선생님(부모님)이 불러 주는 말을 잘 듣고, 받아쓰기를 해 봅시다.

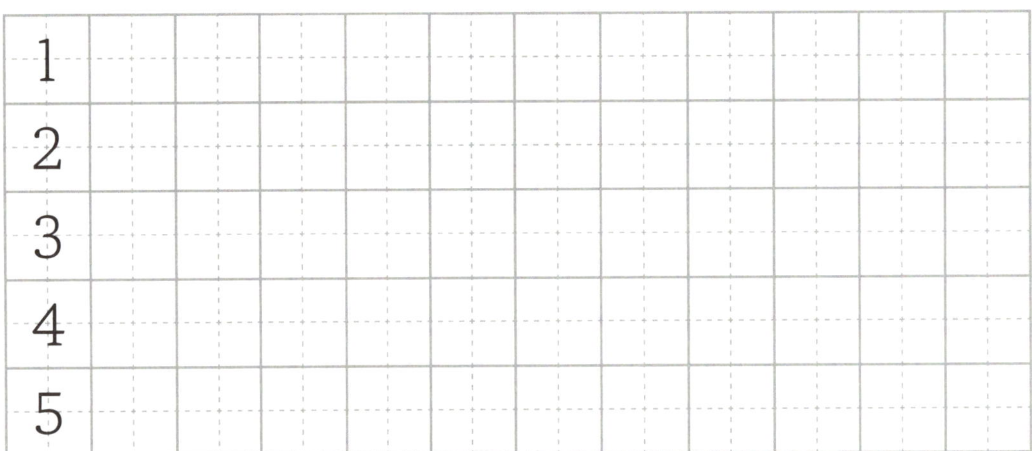

점수 :   점

★ 틀린 것은 세 번씩 적으며 실력을 높여 봅시다.

날짜   /   /

맞춤법 테스트 6

---

1 둘 중 날짜를 세는 말을 바르게 쓴 것을 찾아 동그라미 해 봅시다.

- 숙제를 (2틀 / 이틀) 동안 했다.

- (4흘 / 사흘)에 한 번 열리는 시험

2 다음 날짜를 세는 우리말이 다르게 짝지어진 것은?

① 2일: 이틀

② 3일: 나흘

③ 5일: 닷새

④ 10일: 열흘

3 맞춤법이 올바른 것을 고르세요.

① 이 사진은 색이 바랐어.

② 꼭 성공하기를 바래.

③ 잘 지내기를 바라.

④ 청바지 색이 바랐어.

4 빈칸에 들어갈 말을 보기에서 골라 써 봅시다.

보기	다르다 틀리다

- 아깝게 문제의 답을 (   ).

- 내 생각은 너와 (   ).

5 빈칸에 들어갈 말을 보기에서 골라 써 봅시다.

보기	가르치다 가리키다

- 시계 바늘이 두 시를 (   ).

- 선생님이 학생을 (   ).

6 맞춤법이 틀린 것을 고르세요.

① 친구를 두루두루 사귀다.

② 여자친구를 사귀어 보니 어때?

③ 옷이 바꼈네.

④ 교복이 서로 바뀌었구나.

점수 (/ 6   )

1일 하루	2일 이틀	3일 사흘	4일 나흘	5일 닷새
6일 엿새	7일 이레	8일 여드레	9일 아흐레	10일 열흘

바래다
: 햇빛이나 습기 때문에 색이 변하다.

청바지 색이 바래다.

바라다
: 생각대로 이루어지기를 원하다.

합격하기를 바라요.
감기가 낫기를 바라.

이틀은 2일이라는 뜻의 '순우리말'이에요.
날짜를 세는 우리말을 기억해 두세요.

생각대로 이루어지기를 바랄 때는
'바라'를 써요.

2틀 vs 이틀

바래요 vs 바라요

실전 3

문해력 높이는 맞춤법

틀리다 vs 다르다

바꼈다 vs 바뀌었다

뜻을 구분해서 써야 하는 말을 알아봐요.

'바뀌었다'는 '바꼈다'로 줄여 쓸 수 없어요.

틀리다
: 사실과 다르다.

답이 틀리다.
맞춤법이 틀리다.

다르다
: 같지 않다.

나는 너와 다르다.
성격이 다르다.

바른 말 틀린 말

사귀다 사기다
사귀어 사겨
사귀었다 사겼다

바른 말 틀린 말

바뀌다 바끼다
바뀌어 바껴
바뀌었다 바꼈다

가로세로 퍼즐

★ 배운 맞춤법을 떠올리며 가로세로 퍼즐을 완성하여 봅시다.

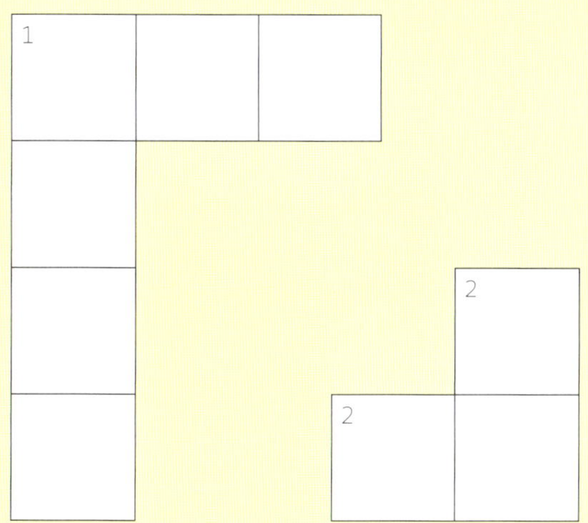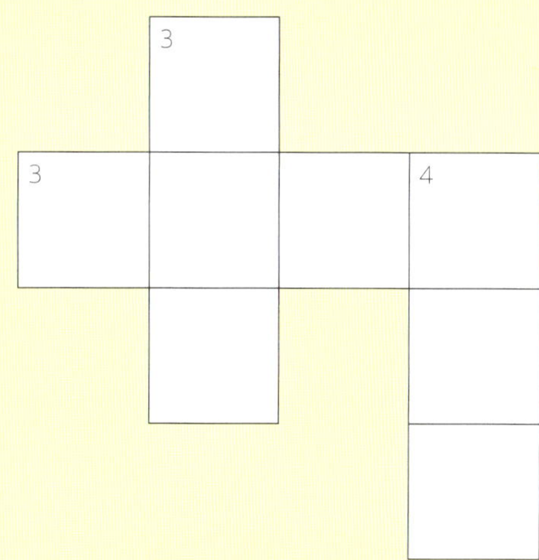

가로 열쇠

1. '생각대로 이루어지기를 원하다'는 뜻을 가진 낱말

2. '3일'을 뜻하는 우리말

3. 손 등으로 '짚어 보이다'는 뜻을 가진 낱말

세로 열쇠

1. '바꼈다'를 바르게 쓴 글

2. '4일'을 뜻하는 우리말

3. '사실과 다르다'는 뜻을 가진 낱말

4. '같지 않다'는 뜻을 가진 낱말

정답

복습 시간 1   않 vs 안

14쪽

않 ➡ 안

15쪽

1. 안
2. 안
3. 않
4. 않

1. (안 / 않)
2. (안 / 않)
3. (안 / 않)
4. (안 / 않)

복습 시간 2   데 vs 대

16쪽

데 ➡ 대

17쪽

1. 편찮으시대.
2. 가셨대.
3. 마셨는데
4. 오는데

1. (오신대 / 오신데)
2. (한대 / 한데)
3. (했는대 / 했는데)
4. (싶은대 / 싶은데)

복습 시간 3   에요 vs 예요

18쪽

에요 ➡ 예요

19쪽

1. (에요 / 예요)
2. (에요 / 예요)
3. (에요 / 예요)
4. (에요 / 예요)
5. (에요 / 예요)

1. 예요
2. 예요
3. 예요
4. 예요

복습 시간 4   에 vs 의

20쪽

에 ➡ 의

21쪽

호랑이의 발톱 (○)

누나의 일기장 (○)

엄마의 가방 (○)

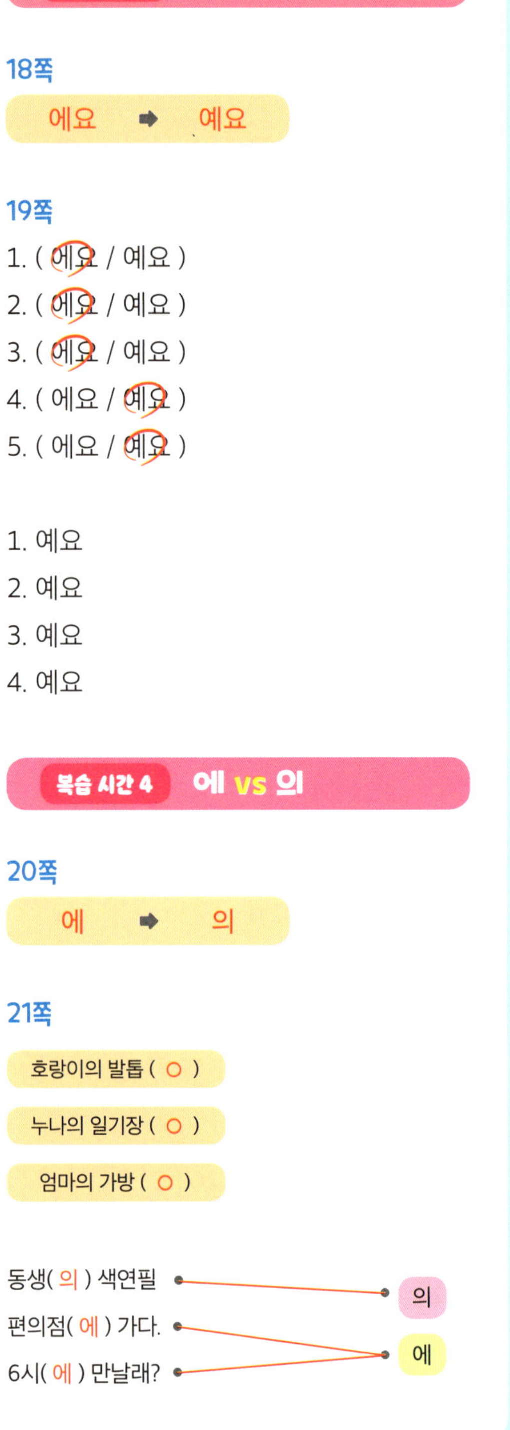

22쪽

웬지　➡　왠지

23쪽

1. (왠지 / 웬지)
2. (왠지 / 웬지)
3. (왠 / 웬)
4. (왠만하면 / 웬만하면)

1. 왠지
2. 왠지
3. 웬
4. 웬만해서는

24쪽

떻　➡　떡

25쪽

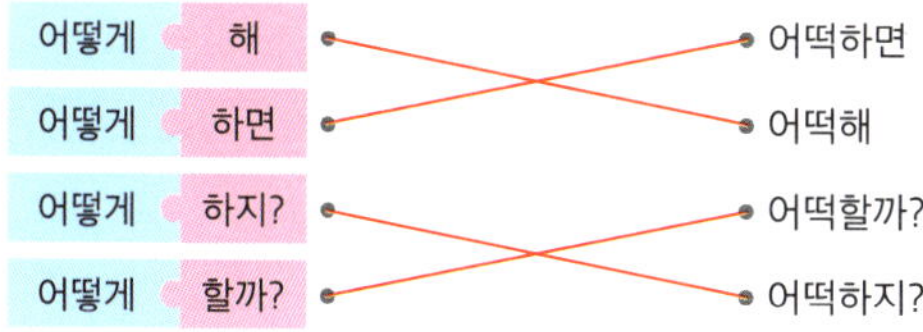

1. 어떻게
2. 어떡해
3. 어떡할까
4. 어떡하면

27쪽

되　➡　돼

28쪽

1. 돼요.
2. 돼
3. 돼.
4. 돼.

1. (되고 / 돼고)
2. (되면 / 돼면)
3. (되어 / 돼어)
4. (될 / 댈)

31쪽

됬　➡　됐

32쪽

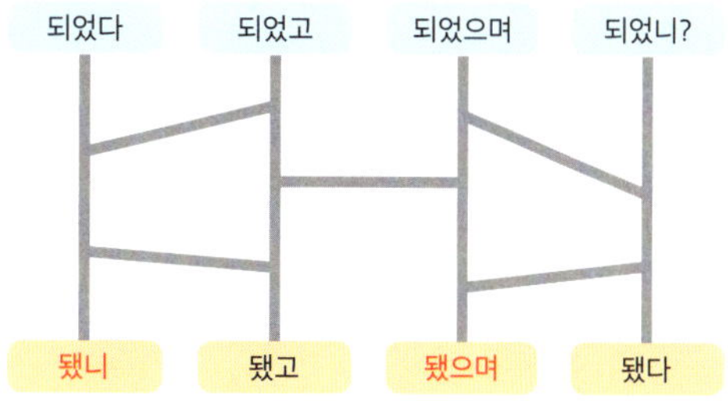

1. (됬나요 / 됐나요)
2. (됬어요 / 됐어요)
3. (되었어요 / 돼었어요)
4. (됬단다 / 됐단다)

DAY 3 로써 vs 로서

35쪽

로써 ➡ 로서

36쪽

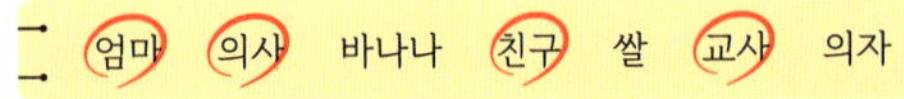

엄마 의사 바나나 친구 쌀 교사 의자

1. (로서 / 로써)
2. (로서 / 로써)

1. 로써
2. 로써
3. 로써

DAY 4 던지 vs 든지

39쪽

던지 ➡ 든지

40쪽

1. (하든지 말든지 / 하던지 말던지)
2. (믿든지 말든지 / 믿던지 말던지)
3. (고소하든지 / 고소하던지)
4. (친절하든지 / 친절하던지)

1. 든지, 든지
2. 든지, 든지
3. 던지
4. 던지

DAY 5 맞춤법 테스트 1

43쪽

1. ③
2. ①
3. (됬나요 / 됐나요)
   (됬어요 / 됐어요)
   (됬어 / 됐어)
4. ④
5. ②
6. 어제 밥이 얼마나 고소하던지! (○)

45쪽

암호문 해독하기

만지면 안 돼 .	되 들 돼 틀
준비 됐 나요?	됬 고 됐 려
이제 낮이 되 었어요.	되 도 돼 봐
엄마 로 서 네가 자랑스러워.	로서 괜 로써 하
말 로 써 빚을 갚다.	로서 스 로써 찮
믿 든 지 말 든 지	던지 례 든지 아

암호는 "틀려도 괜찮아."

DAY 6 할께 vs 할게

47쪽

마실께 ➡ 마실게

48쪽

1. 올걸.

2. 잘걸.

3. 먹을게.

4. 잘게요.

1. (할가 / 할까)

2. (할가 / 할까)

3. (할게요 / 할께요)

4. (할걸 / 할껄)

DAY 7   몇 일 vs 며칠

51쪽

몇 일 ➡ 며칠

52쪽

1. 며칠

2. 며칠

3. 며칠

1. (몇시 / 몇 시)

2. (몇명 / 몇 명)

3. (몇개 / 몇 개)

4. (며칠 / 며 칠)

DAY 8   햇님 vs 해님

55쪽

햇님 ➡ 해님

56쪽

1. (해님 / 햇님)

2. (해빛 / 햇빛)

3. (해볕 / 햇볕)

4. (해살 / 햇살)

1. 북엇국

2. 감잣국

3. 고깃국

4. 순댓국

DAY 9   아니오 vs 아니요

59쪽

아니오 ➡ 아니요

60쪽

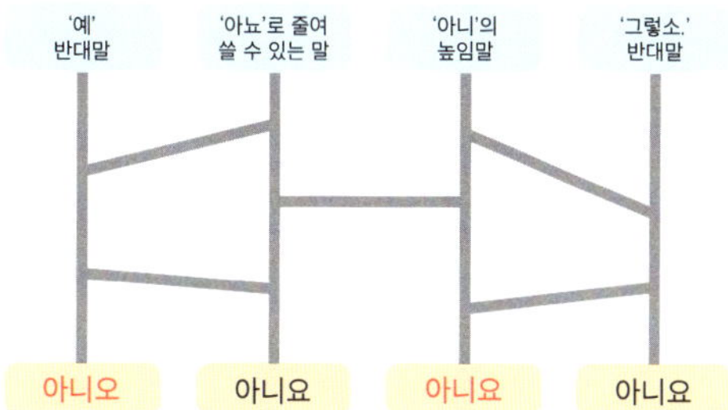

(아니오 / 아니요)

(아니오 / 아니요)

DAY 10   맞춤법 테스트 2

63쪽

1. ①

2. (몇시 / 몇 시)

   (몇개 / 몇 개)

   (며칠 / 몇 일)

3. 오늘이 몇 월 며칠이야? (○)

4. (해님 / 햇님)

   (해빛 / 햇빛)

5. ③
6. ①

65쪽

글자 찾기 놀이

해도 돼.	안 되.	잘 될 거야.	힘이 되어 줄게.
준비됐나요?	다 됐어요.	큰 도움이 됐어.	밤이 되었어요.
친구로서 하는 말	부모로써 할 일	말로서 빚을 갚다.	쌀로써 떡을 만들다.
하든지 말든지	믿든지 말든지	밥이 얼마나 고소하던지!	직원이 어찌나 친절하던지!

정답: ㅂ

DAY 11 히 vs 이

67쪽

곰곰히 ➡ 곰곰이

68쪽

1. (깨끗이 / 깨끗히)
2. (번번이 / 번번히)
3. (영원이 / 영원히)
4. (열심히 / 열심이)

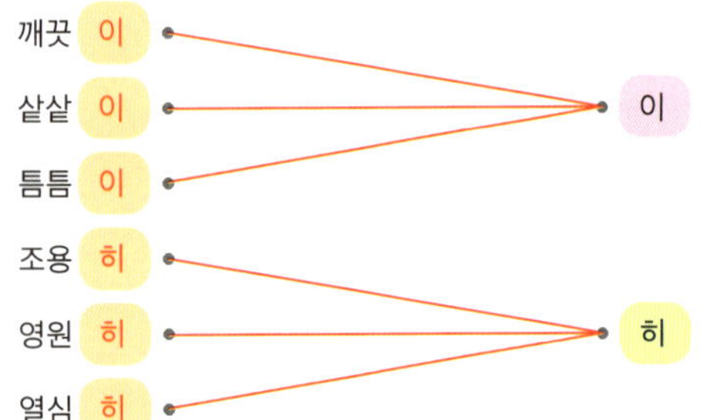

DAY 12 가치 vs 같이

71쪽

가치 ➡ 같이

72쪽

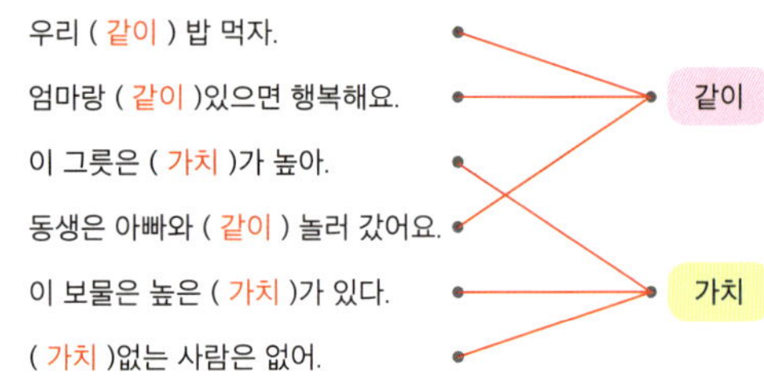

1. 같이
2. 해돋이
3. 햇볕이

DAY 13 반듯이 vs 반드시

75쪽

반듯이 ➡ 반드시

76쪽

1. (느리다 / 늘이다)
2. (걸음 / 거름)

3. (반드시 / 반듯이)

4. (반드시 / 반듯이)

DAY 14 데로 vs 대로

79쪽

데로 ➡ 대로

80쪽

1. (대로 / 데로)

2. (대로 / 데로)

3. (대로 / 데로)

4. (대로 / 데로)

1. 대로

2. 대로

3. 데로

4. 데로

DAY 15 맞춤법 테스트 3

83쪽

1. ①

2. ①

3. (반드시 / 반듯이)

   (반드시 / 반듯이)

4. ②

5. 원하는 대로

    알려준 대로

6. ③

85쪽

길 찾기

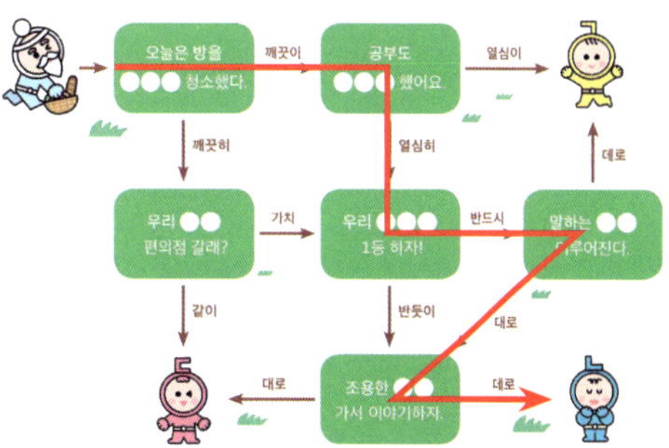

정답: 니은이

DAY 16 잇다 vs 있다

87쪽

잇어 ➡ 있어

88쪽

 연필깎이  손톱깎이

 떡볶이  볶음밥

 낚시  낚싯대

1. 재미있었어.

2. 맛있다.

3. 왔어요.

DAY 17 시러 vs 싫어

91쪽

시러 ➡ 싫어

92쪽

1. (괜차나 / <u>괜찮아</u>)
2. (귀차나 / <u>귀찮아</u>)
3. (만이 / <u>많이</u>)
4. (안아 / <u>않아</u>)

1. 싫어요.
2. 잃어버렸다.
3. 끓어요.
4. 닳아요.

DAY 18 삼다 vs 삶다

95쪽

삼고 ➡ 삶고

96쪽

1. (<u>삶다</u> / 삼다)
2. (<u>옮다</u> / 옴다)
3. (<u>굶다</u> / 굼다)
4. (골다 / <u>곪다</u>)

1. 맑다.
2. 붉다.
3. 읽다.
4. 굵다.

DAY 19 업서지다 vs 없어지다

99쪽

업서 ➡ 없어

100쪽

1. (<u>짧다</u> / 짤다)
2. (할따 / <u>핥다</u>)
3. (<u>없다</u> / 업따)
4. (목 / <u>몫</u>)

1. 없어졌다.
2. 넓은
3. 여덟
4. 핥아먹었다.

DAY 20 맞춤법 테스트 4

103쪽

1. ②
2. ④
3. (괜차나 / <u>괜찮아</u>)
   (귀차나 / <u>귀찮아</u>)
   (만어 / <u>많아</u>)
4.

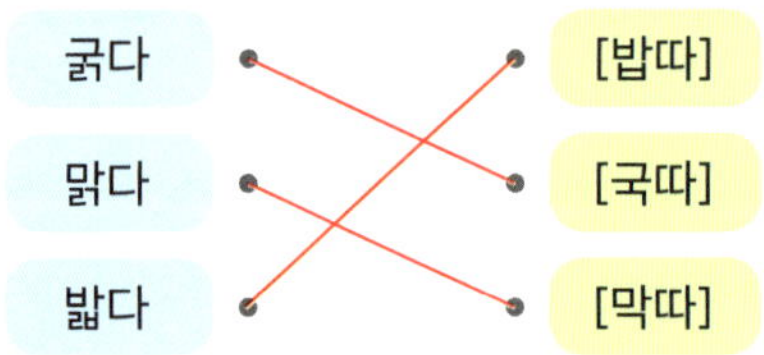

5. ②
6. 핥아먹었다.

105쪽

미로 찾기

DAY 21 나팔 아파 vs 나 팔 아파

107쪽

나팔 아파 ➡ 나 팔 아파

108쪽

1. 준수는 축구를 잘해. (O)

2. 엄마가 방에 들어가신다. (O)

3. 아빠가 죽을 잡수세요. (O)

1. 우 리 는 　 대 화 를 　 했 다 .

2. 누 나 가 　 오 리 를 　 먹 는 다 .

DAY 22 할수있어 vs 할 수 있어

111쪽

할수있어 ➡ 할 수 있어

112쪽

1. 말할 수 없는 비밀 (O)

2. 가진 게 없어. (O)

3. 내 것은 어딨어? (O)

4. 내 거 봤어? (O)

1. 먹 을 　 것 이 　 없 다 .

2. 할 　 수 　 있 지 ?

DAY 23 너 뿐이야 vs 너뿐이야

115쪽

너 뿐이야 ➡ 너뿐이야

116쪽

1. 믿을 것은 네 실력뿐이야. (O)

2. 소문으로만 들었을 뿐이야. (O)

1. 하 늘 만 큼 　 땅 만 큼

2. 먹 을 　 만 큼

DAY 24 잘 하다 vs 잘하다

119쪽

잘 하고 ➡ 잘하고

120쪽

1. (잘불러 / 잘 불러)

　 (잘춰 / 잘 춰)

　 (잘해 / 잘 해)

2. (못뛰겠어 / 못 뛰겠어)

　 (못놀아 / 못 놀아)

　 (못하면 / 못 하면)

3. (이웃 / 이 웃)
   (이열쇠 / 이 열쇠)
   (이것 / 이 것)

DAY 25 　맞춤법 테스트 5

123쪽
1. 엄마가 방에 들어가신다. (O)
2. 할　수　있어.
3. ③
4. 하늘만큼 땅만큼 (O)
5. ①
6. ④

125쪽
맞춤법 대결

도사님팀	컵밥침팀
할수 있어!	할 수 있어!
내 거 봤어?	내거 봤어?
난 너뿐이야.	난 너 뿐이야.
하늘 만큼 땅 만큼	하늘만큼 땅만큼
노래를 잘한다.	노래를 잘 한다.
딱 이것만 할게요.	딱 이 것만 할게요.

우승: 도사님팀

DAY 26 　2틀 vs 이틀

127쪽
2틀 ➡ 이틀

128쪽

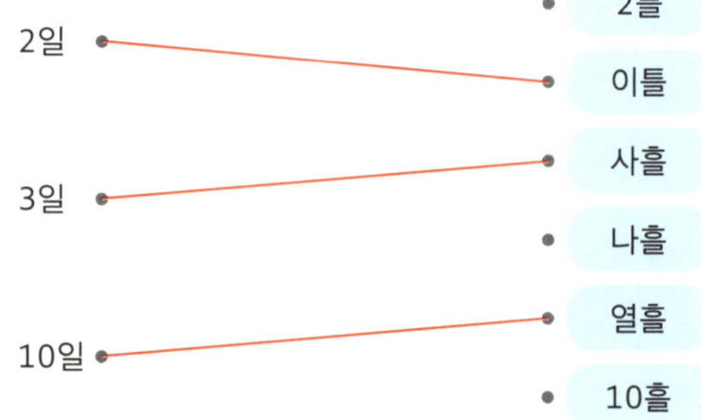

1. 이틀
2. 사흘
3. 열흘

DAY 27 　바래요 vs 바라요

131쪽
바래요 ➡ 바라요

132쪽
1. (바랐어 / 바랬어)
2. (바라 / 바래)
3. (바라 / 바래)
4. (바라요 / 바래요)

1. 바라.
2. 바라.
3. 바라요.
4. 바라요.

DAY 28 　틀리다 vs 다르다

135쪽
틀려 ➡ 달라

136쪽

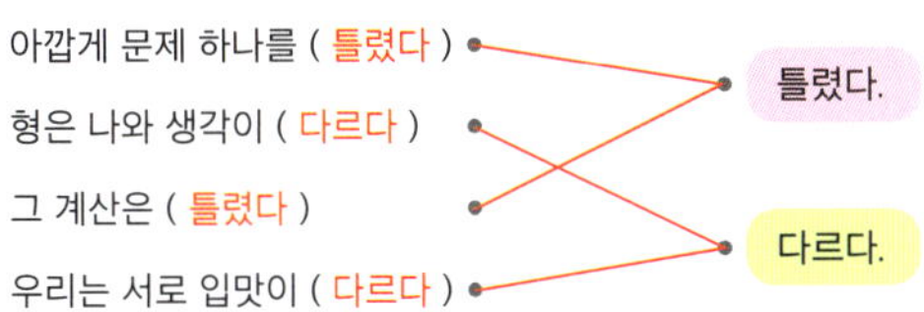

1. 가르쳐

2. 가리키다

3. 다르다

4. 다르다

DAY 29 바꼈다 vs 바뀌었다

139쪽

바꼈어 ➡ 바뀌었어

140쪽

1. (사길래 / 사귈래)

2. (사귀어 / 사겨)

3. (바뀌어서 / 바껴서)

4. (바뀌었지 / 바꼈지)

1. 사귀었다.

2. 바뀌었다.

3. 바뀌었다.

4. 사귀었다.

DAY 30 맞춤법 테스트 6

143쪽

1. (2틀 / 이틀)

   (4흘 / 사흘)

2. ②

3. ③

4. 틀리다.

   다르다.

5. 가리키다.

   가르치다.

6. ③

145쪽

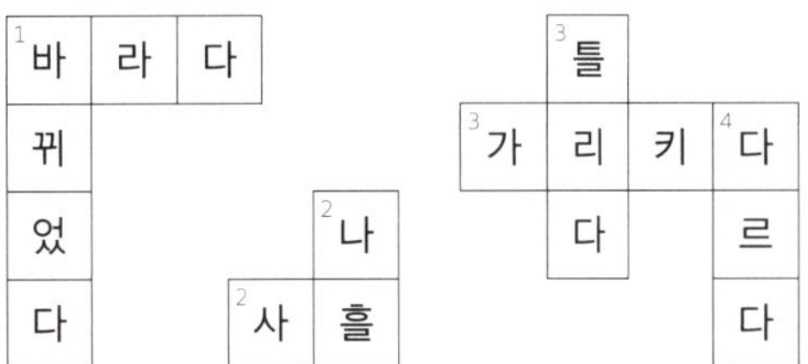

155

풀꽃선생님과 함께하는

맞춤법 고수 대작전 2단계

초판 1쇄 인쇄 2026년 3월 6일
초판 1쇄 발행 2026년 3월 30일

지은이 김수은(풀꽃선생님)
펴낸이 이범상
펴낸곳 (주)비전비엔피 · 그린애플

책임편집 김승희
기획편집 차재호 김혜경 한윤지 박성아
디자인 김혜림 이민선 인주영 이윤호
일러스트 박다솜
마케팅 이성호 이병준 문세희 이유빈
전자책 김희정 안상희 김낙기
관리 이다정
인쇄 새한문화사

주소 우) 04034 서울특별시 마포구 잔다리로7길 12 (서교동)
전화 02) 338-2411 | 팩스 02) 338-2413
홈페이지 www.visionbp.co.kr
인스타그램 https://www.instagram.com/greenapple_vision
이메일 gapple@visionbp.co.kr

등록번호 제2021-000029호

ISBN 979-11-7514-014-1 64700
　　　979-11-92527-92-5 (세트)

· 값은 뒤표지에 있습니다.
· 잘못된 책은 구입하신 서점에서 바꿔드립니다.

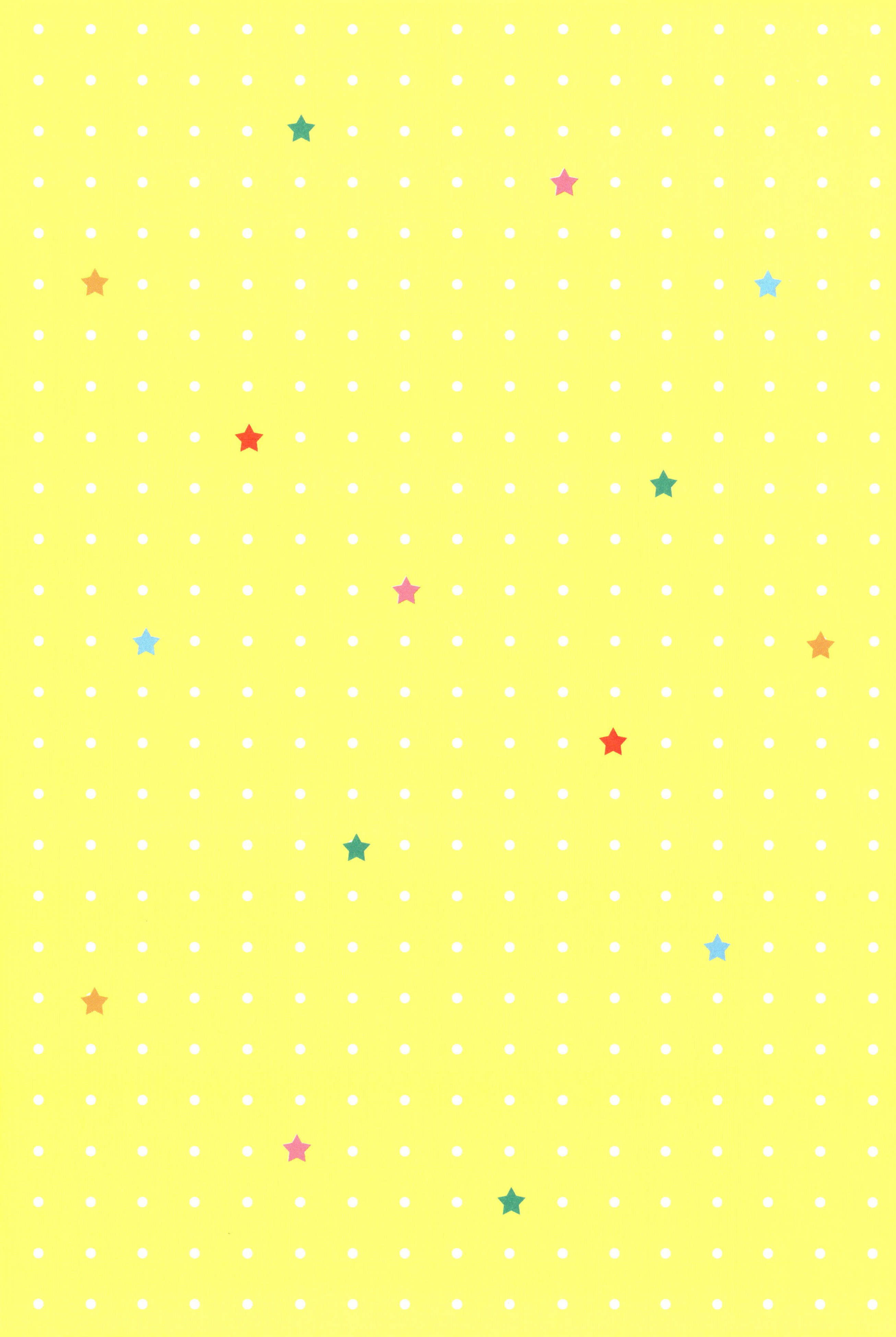

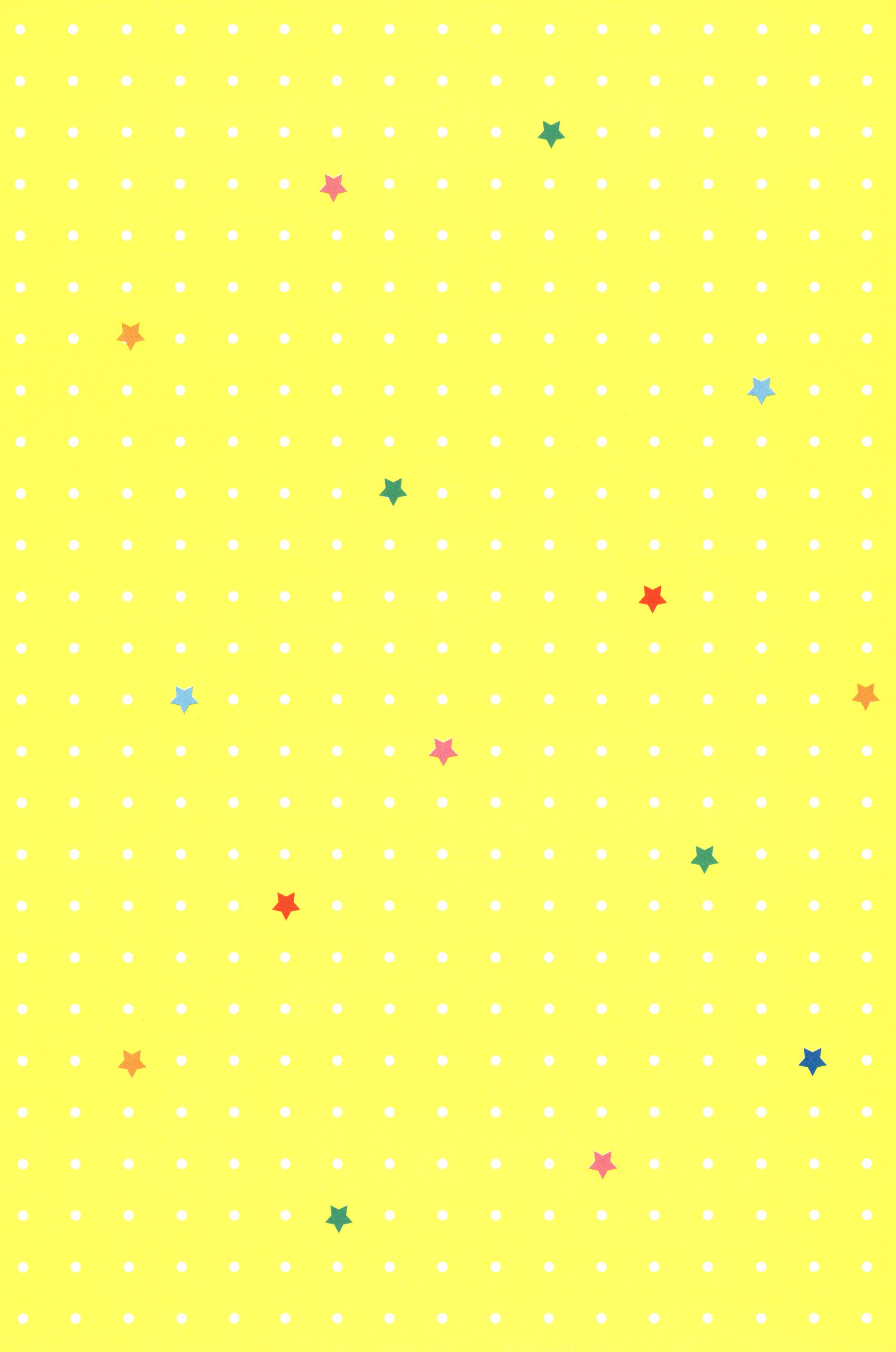

고수 인증서

학년 반

이름

위 어린이는 맞춤법 공부를 열심히 하여

수준급 맞춤법 실력을 가졌으며,

게으름 부리지 않고 성실히 학습하여

큰 감동을 주었기에

맞춤법 고수 인증서를 드립니다.

202 년 월 일

맞춤법 도사

출발!
학습 인증판
되 VS 돼
됬 VS 됐
로써 VS 로서
던지 VS 든지
레벨테스트 1
레벨테스트 2
아니오 VS 아니요
햇님 VS 해님
몇 일 VS 며칠
할께 VS 할게
히 VS 이
가치 VS 같이
반듯이 VS 반드시
데로 VS 대로
레벨테스트 3
잇다 VS 있다
레벨테스트 4
업서지다 VS 없어지다
삼다 VS 삶다
시러 VS 싫어
나팔 아파 VS 나 팔 아파
할수있어 VS 할 수 있어
너 뿐이야 VS 너뿐이야
잘 하다 VS 잘하다
레벨테스트 5
2틀 VS 이틀
레벨테스트 6
바꼈다 VS 바뀌었다
틀리다 VS 다르다
바래요 VS 바라요
메달 6개를 모으면
고수 인증서를 받아요!